KB208861

트라우마

트라우마

김선현 지음

우리 안의 트라우마 마주하기, 치유하기

메디치

책을 펴내며

2024년 12월의 마지막 일요일, 이 책의 원고를 한창 집필하던 중 무안공항에서 발생한 제주항공 여객기 참사 소식을 들었습니다. 그때 저는 1997년 대한항공 괌 추락 사건에서의 아찔했던 장면들이 떠올라서 순간 몸의 모든 기능이 정지되는 듯했습니다. 이번 제주항공 여객기에 탄 사람들은 대부분 가족 단위 여행객이었다고 합니다. 이 사건을 목도한 사람들 중 어떤 이는 세월호를, 어떤 이는 이태원 참사를 떠올리면서 마음 아파했습니다. 이처럼 큰 사고가 일어나면 그 아픔은 온전히 국민의 몫으로 돌아옵니다. 모두가 마음의 병을 얻는 것이지요.

대부분의 사람들은 트라우마 증세는 개개인에게만 일어나는 것이라고 생각합니다만, 역사적이고 사회적인 트라우마도 존재합니다. 다만 우리 사회가 함께 경험한 역사적, 사회적 트라우마를 제대로 짚어본 적이 없어서 잘 모를 뿐입니다. 우리 사회가 좀 더 앞으로 나아가려면 이 문제를 제대로 마주하는 것이 필요합니다.

그런데 '트라우마'란 무엇일까요? 많은 사람이 이제는 스스럼
없이 트라우마를 일상의 용어로 사용하는데요, 가능하다면 그 뜻을
제대로 알고 쓰면 좋을 듯합니다. 사실 10여 년 전까지만 해도 트라우
마는 주로 신체적인 외상과 연관지어서 사용했습니다. 그러던 이 용
어가 본격적으로 일반인들 사이에 회자되기 시작한 것은 2014년 4월
16일 세월호 참사를 겪은 이후부터입니다. 많은 사람이 방송을 통해
세월호가 서서히 가라앉는 장면을 본 이후 비슷한 트라우마 증세를
겪으면서 신체적 외상 못지않게 마음의 병인 트라우마가 중요한 것
임을 알게 되었으며, 사회 전체가 특정한 경험을 공유하고 함께 상처
받을 수 있다는 것을 깨닫게 되었던 것이죠.

이 책은 이제 많은 분이 사용하는 용어인 트라우마를 좀 더 제
대로 알자는 취지에서 집필을 시작했습니다. 사실 트라우마가 무엇인
지 소개하는 책은 시중에 이미 많이 나와 있습니다. 국내서보다 번역
서가 더 많은 것이 현실인데요, 저는 이 책을 통해 트라우마가 무엇인
지 알려주는 것에서 더 나아가 번역서에서는 만날 수 없는 한국 사회
의 트라우마 이야기를 들려주고자 합니다.

이 책에서 언급하는 우리 안의 트라우마는 다섯 개의 층위를
지닙니다. 먼저, 대한민국 국민이라면 누구나 경험한 사회적 트라우
마를 다루고자 합니다. 여기에는 일본군 '위안부', 제주 4·3 사건, 한
국전쟁, 광주 5·18 민주화운동, IMF 금융 위기, 세월호 참사, 코로나
19가 있습니다. 이들은 한국 사회 전반에 걸쳐 모든 국민이 함께 아파

했던 국가적 트라우마이기도 합니다. 이들 트라우마는 현재까지 우리 사회와 개인의 삶에도 큰 영향을 미치고 있습니다. 역사적 트라우마의 경우에는 저 또한 경험하지 못한 사건이 많습니다만, 우리가 익히 알고 있는 사건들이어서 간단하게나마 언급했습니다. 사건에 대한 소개는 가급적 줄이고, 얼마나 우리 사회의 트라우마와 연관되어 있는지를 중심으로 다루었습니다.

두 번째는 청소년한부모가족, 고립·은둔청년(은둔형 외톨이), 자립준비청년, 청소년과 학교, 소방관, 군대 등 특정한 집단의 트라우마를 다루고자 합니다. 세 번째는 최근 한국에서 두드러지는 중독과 성폭력 트라우마에 대해 다루었습니다. 네 번째는 개별 사건이지만 제가 트라우마 치유 과정에 직접 참여했던 사건을 중심으로 우리 안의 트라우마를 마주해 보고자 합니다.

마지막으로 이 책은 공동체의 영역을 지구촌으로 조금 더 확장했습니다. 동일본 대지진 참사와 네팔과 중국 쓰촨성의 대지진 재난 현장, 그리고 아프리카와 캄보디아까지, 제가 직접 만난 지구촌 이웃들의 트라우마 이야기도 담았습니다. 제가 해외 트라우마 현장에 관심을 가지게 된 계기는 9·11 테러 당시 미국미술치료학회의 트라우마 치유 프로그램을 접하고 나서입니다. 이 책을 읽는 분들 또한 나와 내 친구, 그리고 한국 사회 공동체와 지구촌 사람들의 트라우마 이야기에 관심을 가지고 귀 기울여 들어주시기 바랍니다.

치유의 현장을 중심으로 하다 보니 트라우마 미술치료를 통해 얻은 자료를 많이 실었습니다. 여기 실린 그림은 관련 기관과 그림 그린 이들에게 사용 허가를 받은 것들입니다. 다만, 그린 이들의 개인 정보는 가급적 드러내지 않으려고 했습니다. 어떤 면에서 이 책은 30년 가까이 국내외 여러 기관과 다양한 트라우마 현장에서 임상과 연구를 진행한 결과물이라 할 수 있겠습니다.

제가 처음 미술치료 공부를 시작했을 때만 해도 제대로 된 교육기관도 교재도 없었기 때문에 외국 서적과 병원 임상을 통해 공부하고 치료를 했었습니다. 해외 병원에서 연수를 받으며 임상미술치료에 대한 이해의 폭을 넓혀 가는 과정이 쉽지는 않았지만, 그 덕분에 국내 최초로 임상미술치료로 대학병원 의대 교수가 되기도 했습니다. 이 책에는 임상과 연구 강의, 그리고 집필 활동과 국내외 재난 현장을 뛰어다니며 쉼 없이 미술치료로 심리지원을 해온 시간이 오롯이 담겨 있습니다.

그런데 트라우마 치료에 참여한 분들의 그림을 보는 것은 어떤 효과가 있을까요? 저는 트라우마 치유의 기본은 '아는 것이 힘'이라는 말씀을 꼭 드리고자 합니다. 트라우마 치료에는 트라우마가 무엇인지 알고, 어떤 증세가 있는지 아는 것이 참 중요합니다. 그리고 자신의 트라우마가 어떻게 나타나는지 마주 보는 것이 필요합니다.

트라우마의 치유는 나와 너, 그리고 우리 공동체가 직면한 트라우마를 마주하는 것에서 시작합니다. 그래서 저는 우리 사회 공동체의 일부인 사람들이 어떤 트라우마를 겪고 있는지를 있는 그대로 보여주는 것에서부터 시작하고자 합니다. 이들의 아픔을 이해하는 것은 타인에 대한 이해의 폭을 넓히는 것이며, 더 나아가 나중에 혹시라도 나 자신이 비슷한 트라우마 상황에 처하더라도 이를 극복할 수 있는 힘의 원천이 될 것입니다.

이 책의 표지 그림은 김순철 작가의 작품 〈About wish 2476〉 입니다. 보라purple는 파랑과 빨강이 겹쳐진 색으로 우아함, 화려함, 풍부함, 품위, 고상함, 고독 등의 다양한 느낌이 있어 예로부터 왕실의 색으로 사용되었습니다. 예술, 신앙심의 색으로도 불리는데요, 심리적으로는 불안한 마음을 정화시켜 주는 역할을 하며, 치유의 색으로도 불립니다. 산스크리트어로 원형 또는 바퀴 모양을 뜻하는 차크라Chakra는 우리 몸의 에너지가 모이는 대표적인 곳을 일곱 군데로 분류하고 있습니다. 이곳들 중 가장 중요한 두정부頭頂部(두개골의 최상부)를 상징하는 차크라의 색이 바로 보라색입니다. 보라는 현명함과 영적인 에너지를 나타내는 색이기도 합니다.

김순철 작가는 단순한 채색만 하는 것이 아니라 한 땀 한 땀 실을 연결하는 작업을 통해 이 보라색 꽃을 완성했습니다. 그 과정에서 치열한 현실에서 잠시 떠나 내면을 바라보는 고요한 시간을 가졌다고 합니다. 작품 속의 교차하는 수백 개의 실은 나의 삶과 내면을 이어주는 연결선이기도 합니다.

우리의 마음 또한 그림 속 꽃잎의 물관처럼 섬세하게 연결되어 있습니다. 상처를 받아 물관이 끊어지면 꽃을 피울 수 없습니다. 그래서 마음에 상처가 날 때마다 다시 연결하는 작업들을 내면에서 해야 하는 것입니다. 삶이란 이렇게 상처를 싸매고 다시 연결하고 인내하는 시간을 보낸 뒤에야 비로소 탐스럽고 화려한 꽃을 피우게 되는 것입니다.

트라우마를 마주 본다는 것은 사실 말처럼 쉽지 않습니다. 트라우마는 일종의 마음의 병이어서 아무리 쉽게 쓴다 해도 어려워하는 분들이 있습니다. 그래서 대중교양서로 집필한 이 책에서는 독자들의 접근성을 높이고자 경어체로 서술을 했으며, 출처 표기를 별도로 하지 않고 참고문헌으로 정리해서 실었습니다. 이와 더불어 일본군 '위안부' 여성 트라우마에 실린 그림과 쓰촨성 대지진 트라우마에 실린 야오야오의 그림에 대한 해석과 분석은 제가 앞서 쓴《역사가 된 그림》(이담북스, 2012)과《중심》(자유의 길, 2019)에서 각각 재인용했음을 밝힙니다.

트라우마 치료를 하는 저 역시 크고 작은 다양한 트라우마를 겪은 적이 많습니다. 이를 극복하는 과정에 함께해 준 분들은 제 삶에서 가장 귀하고 고마운 자원이 되어 주었습니다. 외롭지 않게 트라우마를 극복할 수 있도록 도움을 주신 모든 분께 진심으로 감사드립니다. 그리고 트라우마를 마주하고자 하는 용기를 낸 이 책의 독자분들에게도 고마운 마음을 전합니다. 부디 이 책을 통해 트라우마로 힘들어하는 분들과 트라우마 피해자의 가족과 지인들, 트라우마에 노출될 위험을 가지고 있는 분들, 현장에서 치료를 담당하는 분들, 그리고 트라우마와 사회 치료에 관심 있는 모든 분들에게 위로와 힘이 되기를 간절히 바랍니다.

2025년 3월
김선현

차례

1부

우리가 알아야 할
트라우마의 모든 것

1

트라우마란 무엇인가

최근 많은 사람이 '트라우마^{trauma}'라는 말을 자주 사용하는 것을 볼 수 있습니다. 드라마나 영화에서도 심심치 않게 언급하는 것을 볼 수 있는데, 심지어 최근에는 어느 초등학생이 학교에서 겪은 일을 이야기하며 '트라우마'라는 용어를 사용하는 것을 본 적이 있습니다. 이제 트라우마를 모르는 사람은 없는 듯 보입니다. 그렇지만 '트라우마가 무엇인지 아느냐'고 물어보면 대부분 잘 답을 못합니다. 우리 일상의 용어로 자리 잡은 트라우마는 과연 무엇을 말하는 것일까요?

트라우마의 뜻
트라우마는 직역하면 '외상^{外傷}'을 뜻합니다. 외상의 사전적 의미는 '바깥으로 드러난 상처'로 뼈가 부러지거나 다치는 등의 신체적 외상을 가리킵니다. 하지만 정신의학과 심리학의 영역에서는 이와는 다르게 정의합니다. 2000년 미국정신의학협회American Psychiatric Associa-tion에서는 '외상 사건traumatic event', 즉 트라우마 사건을 전쟁 및 전투 경험, 자연 재앙, 물리적 습격, 교통사고나 화재와 같은 심각한 재난, 그리고 강간 같은 성폭행처럼 "보통 인간의 경험을 넘어서는, 대부분의 사람에게 명백하게 고통을 주는 사건"이라고 정의한 바 있습니다. 따라서 트라우마는 이처럼 개인이 감당하기 힘든 외상 사건을 경험했을 때 받은 '심리적 충격', 다시 말해 '정신적 외상', '심리적 외상'을 뜻한다고 보면 됩니다.

인류의 역사와 함께해 온 트라우마

'트라우마'가 무엇인지 정의하기 시작한 것은 얼마 되지 않지만, 사실 트라우마 증세는 인류의 오래된 역사와 함께해 왔습니다. 전쟁과 천재지변을 비롯해 수많은 사람에게 고통을 주는 외상 사건은 인류의 역사에서 끊임없이 일어났기 때문이죠. 하지만 이러한 사건을 경험한 사람들의 증세를 집단적으로 기록한 역사는 오래되지 않았습니다.

19세기 미국에서 남북전쟁이 일어났을 당시 제이콥 멘데스 다 코스타Jacob Mendes Da Costa(1833~1900)라는 의사가 부상당한 군인들을 치료하던 중 특별한 신체적 이상이 없는데도 불안 증세를 보이는 것을 발견했습니다. 빠르게 심장이 뛰거나 가슴 통증을 호소하고, 한숨을 쉬거나 진땀을 흘리는 등의 증세로 나타났는데요, 다 코스타 의사는 1871년 이를 '병사의 심장soldier's heart' 또는 '불쾌한 심장irritable heart'이라

명명했습니다. 하지만 이러한 증세들은 다 코스타 의사의 기록 이전에도 전쟁을 경험한 사람들에게 나타났었을 것입니다. 인류 역사 자체가 전쟁의 역사에 다름 아니라 하니, 다른 말로 하면 인류의 역사 자체가 트라우마의 역사라 해도 좋을 듯합니다.

트라우마와 PTSD의 차이

트라우마는 '외상 후 스트레스 장애Post Traumatic Stress Disorder(이하 PTSD)'와 혼용해서 쓰기도 합니다. 엄밀히 말하면 이 둘은 다릅니다. 정신적 외상을 뜻하는 트라우마는 어느 정도 시간이 지나면 자연 치유되기도 합니다. 최소 2~3일에서 길게는 1개월(4주) 이내에 호전되기도 하고요. 하지만 트라우마 증세가 한 달 넘게 지속적으로 발생하면 이를 PTSD라고 진단합니다. 즉, PTSD는 전문가의 진단을 받아야 하는 질병인 것입니다.

PTSD라는 용어가 처음 등장한 것은 1980년입니다. 미국 정신의학의 공식 진단 체계이자 세계적인 임상가와 연구자들이 사용하는 '정신 장애 진단 및 통계 매뉴얼' 3판Diagnostic and Statistical manual for Mental Disorder-Ⅲ(이하 DSM-Ⅲ)에 최초로 PTSD가 공식 진단 체계로 도입되었는데요, 여기에는 강간 외상 증후군, 매 맞는 아내 증후군, 참전용사 증후군, 학대아동 증후군 등에서 나타나는 상태들이 PTSD로 포함되었습니다. 이후 1994년 '정신 장애 진단 및 통계 매뉴얼' 4판DSM-Ⅳ에 이르면 외상 사건을 "누구에게나 상당한 정도의 고통을 일으킬 수 있는 것"이라 정의 내리게 됩니다.

PTSD는 실제로 신체에 해를 입거나 위협을 당하지 않았다 하더라도 동일한 증세가 나타날 수 있습니다. 타인의 죽음이나 타인 또는 자신의 신체에 위협을 주는 사건을 목격하거나 경험한 후에는 극심한 공포와 무력감, 그리고 고통 등을 느끼게 되는데, 이러한 경우에도 PTSD로 발전할 수 있습니다. 이런 점을 반영해 2013년의 5판 DSM-V에서는 간접적으로 외상 사건에 노출되었을 때에도 PTSD로 진단할 수 있도록 진단 기준을 변경했으며, 직업적으로 외상에 노출되

PTSD 진단을 위한 기간

트라우마를 경험한 후 사람들의 반응은 여러 가지로 나타납니다. 외상 사건을 경험한 사람들은 모두 급성 스트레스 반응을 나타냅니다. 트라우마 경험 이후 스트레스 관련 증상이 나타난 지 3일을 넘어가지만 아직 1개월이 안 되었을 때에는 '급성 스트레스 장애 acute stress disorder(이하 ASD)'라고 진단합니다. ASD는 최소 2~3일에서 길게는 1개월(4주) 이내에 호전됩니다. 스트레스 반응이 1개월을 넘어서 지속적으로 발생하면 PTSD라고 진단하는데, 아직 3개월이 되지 않았다면 급성 PTSD라 진단하고, 3개월을 넘어 스트레스 증상이 지속되면 만성 PTSD라 진단합니다.

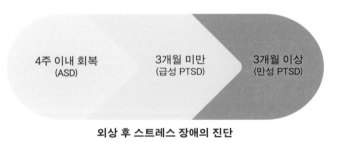

4주 이내 회복
(ASD)

3개월 미만
(급성 PTSD)

3개월 이상
(만성 PTSD)

외상 후 스트레스 장애의 진단

는 경우에도 PTSD로 진단할 수 있도록 했습니다.

트라우마는 원래 정신의학과 심리학의 영역에서 사용하는 용어였는데, 사회적 영역으로까지 그 쓰임새가 확대되었습니다. 트라우마는 정신적, 심리적 외상 전체를 포괄하는 개념으로 사용하므로, 이 책에서는 굳이 트라우마와 PTSD를 구분해서 사용하지 않고 트라우마라고 지칭하고자 합니다.

트라우마, 심리적 외상 연구의 역사

심리적 외상인 트라우마는 다음의 세 가지 연구를 기반으로 발전해 왔습니다. 첫 번째가 19세기 후반부터 시작되어 20년 동안 지속된 여성의 전형적인 심리 장애인 '히스테리아hysteria' 연구입니다. 두 번째는 제1차 세계대전 이후 영국과 미국에서 시작된 전투신경증combat neurosis 연구 혹은 탄환충격shell shock 연구로, 이는 베트남 전쟁 이후 정점에 달했습니다. 세 번째는 성폭력과 아동학대를 포함한 가정폭력 연구를 기반으로 합니다.

19세기에 시작된 히스테리아 연구

먼저 히스테리아 연구를 살펴보고자 합니다. 히스테리아 연구는 19세기 프랑스의 신경학자이자 해부병리학자인 장 마르탱 샤르코Jean-Martin Charcot(1825~1893)에 의해 시작되었다고 알려져 있습니다. 현대 신경학의 창시자이기도 한 샤르코의 연구 중 가장 유명한 것은 히스테리아에 대한 것으로, 그는 히스테리아를 '위대한 신경증'이라고 불렀습니다.

샤르코가 연구하기 이전에 대부분의 사람들은 히스테리아를 여성들의 꾀병이라고 생각했으며, 최면술사나 마술적인 치료사들이 그 치료를 담당했습니다. 샤르코는 기억 문제, 전신마비, 경련 등 신경학적 손상을 닮은 히스테리아의 특징적 증상에 주목해 사진, 그림, 글 등을 통해 증거들을 남기고 연구했습니다.

샤르코는 히스테리아 증상의 원인이 심리적 외상에 있다고 보았습니다. 즉 외상 사건에 대한 심한 정서적 반응이 의식에 변형을 일으켜서 히스테리아 증상을 유발한다는 것입니다. 프랑스 신경학자이자 심리학자인 피에르 자네Pierre Janet(1859~1947)는 외상에 대한 기억은 사고에 고착되어 지속되며, 이로 인해 의식 상태를 변형시킨다고 하였고, 자네는 이런 의식의 변형을 '해리解離, Dissociation'라고 불렀고, 프로이트는 '이중의식double consciousness'이라고 했습니다.

자네와 프로이트는 신체적으로 드러난 히스테리아의 증상은 매우 고통스러운 사건이 위장되어 표현된 것이며 '잠재의식의 고착된 사고'에 지배를 받고 있다고 주장했습니다. 요제프 브로이어Josef Breuer(1842~1925)와 프로이트는 히스테리아 환자들이 기억으로 인해 고통받는다고 보았습니다. 따라서 히스테리아의 해결책은 고통을 견디며 환자의 과거를 재구성하는 것이라 여겼습니다. 1890년대에 이르러 강력하고 뚜렷하게 기억하는 것을 자신의 언어로 표현할 수 있을 때 히스테리아 증상이 완화될 수 있다는 연구 결과가 발표되었는데, 프로이트는 이를 '정신분석'이라고 불렀고, 자네는 '심리분석'이라고 불렀습니다.

히스테리아 증상은 샤르코를 통해 과학적으로 증명되었습니다. 샤르코의 또 다른 업적 중 하나는 예술작품 속에 투영된 히스테리아를 진단한 것이었는데, 그는 히스테리아로 설명할 수 있는 중세 예술작품화집을 출간하기도 했습니다.

제1차 세계대전에서 시작된 전투신경증 연구

두 번째는 전투신경증 연구입니다. 전투신경증은 전쟁으로 인한 외상으로 급성 행동 장애가 나타나는 것을 일컫는 용어입니다. 심리적 외상은 제1차 세계대전 후 공공의 문제로 떠오르기 시작했습니다. 제1차 세계대전이 일어난 1914년부터 1918년까지 4년 동안 800만 명 이상의 사람이 죽음을 맞이했습니다. 전쟁에 참전한 군인들 중에는 죽음의 위협과 공포, 동료의 죽음으로 인해 여성에게만 나타난다고 생각했던 히스테리아와 비슷한 증상들이 나타나기 시작했습니다. 이들은 몸을 움직일 수 없었고, 괴성을 질렀으며, 말도 없어지고, 우울해하며 외부의 자극에도 반응을 보이지 않았습니다.

영국에서는 전쟁 후 정신 장애 발병률이 40%까지 나타난다는 연구 결과도 나왔습니다. 연구 초기에는 이 정신적 증상이 신체적인 원인 때문에 나타나는 것으로 알고 있었지만, 신체적 외상에 노출되지 않은 군인들에게도 이와 동일한 증상이 나타났습니다. 영국의 심리학자 찰스 마이어스Charles Myers(1873~1946)는 이러한 충격 증상을 '탄환충격'이라고 불렀으며, 탄환충격의 증상들이 심리적 외상으로 인해 발생한다는 것을 알게 되었습니다. 그러나 당시의 군사의학은 군인들을 치료 후 다시 전쟁터로 돌려보내는 것이 치료의 목표이다 보니 이에 대한 연구가 지속되지 않았습니다. 전쟁 후 '탄환충격'이라는 심리적 외상에 대한 세간의 관심은 서서히 묻히기 시작했습니다. 그러나 참전군인 병원에서는 정신적인 어려움을 호소하는 이들의 숫자가 갈수록 늘어나기 시작했습니다.

　　제1차 세계대전 후 1922년 미국의 정신의학자 에이브럼 카디너Abram Kardiner(1891~1981)는 퇴역군인 사무실에서 전투신경증 증세를 보이는 남성들을 진료하기 시작했습니다. 1939년 제2차 세계대전이 발발하고 나서는 이에 대한 의학적 연구가 더욱 활발하게 일어났습니다. 덕분에 전투에 얼마나 노출되었는지에 따라 정신과적 후유증을 예측할 수 있다는 사실이 처음으로 확인되었고, 전쟁 후 정신과적 치료는 당시 성공을 거두었습니다. 한 보고서에 따르면 제2차 세계대전 동안 급성 스트레스로 쓰러진 참전군인 80%가 일주일 내에 전투부대로 복귀했다고 합니다. 그러나 전쟁이 끝나고 난 후에는 귀환한 군인들의 심리 상태에 대해 의료계도 일반 대중도 전혀 관심을 보이지 않았습니다.

　　전투가 심리에 미치는 장기적인 영향력에 관한 체계적인 연구는 1970년대 베트남 전쟁이 끝난 이후에야 비로소 시작되었습니다. 이는 당시 베트남 전쟁 참전군인들의 노력 덕분입니다. 미국의 재향군인회는 전쟁이 참전군인들의 삶에 미치는 영향을 추적 관찰하는 연구를 직접 정부와 연구기관에 의뢰했습니다. 베트남 참전군인들은 사회적인 낙인이 찍히거나 전쟁 이후 베트남에 참전한 자신들이 국민들의 기억에서 잊히는 것을 거부했습니다. 당시 베트남 참전군인들은 정서적 불안정, 고립 및 폭력성을 비롯해 전투 외상으로 인한 트라우마에 지속적으로 시달리고 있어서 사회적 적응이 어려웠습니다. 대부분의 베트남 전쟁 참전군인들은 전쟁에서 돌아온 후 정신 건강 문제로 병원을 찾았다고 합니다. 참전군인들은 전쟁 중 죽음에 대한 공포 경험뿐 아니라, 민간인 학살이라는 잔학 행위에 자신이 동참했다는 죄책감으로 인해 트라우마가 심했습니다.

연구를 진행하면서 사회적·관계적으로 지지받은 참전군인들은 점점 상태가 좋아지기 시작하였고, 스스로 현재의 상황을 극복할 수 있었습니다. 치료와 연구 결과 1980년에 심리적 외상 증후군은 실제 진단으로 쓰이게 되었고 '외상 후 스트레스 장애(트라우마)'라는 개념이 인식되기 시작했습니다. 당시 미국정신의학협회는 "외상 후 스트레스는 인간이 일반적으로 경험할 수 있는 범주를 넘어서는 것"이라고 정의를 내렸습니다. 이렇듯 군인들에게 나타난 전투신경증에 대한 연구는 트라우마 연구에 많은 도움을 주었습니다.

여성운동에서 시작된 성폭력 및 가정폭력 피해자 연구

성폭력과 가정폭력 연구는 서유럽과 북아메리카의 여성운동으로부터 시작되었습니다. 1960년대 초 미국에서는 경제 발전이 이루어지면서 중산층은 가정을 중심으로 하여 행복한 번영의 꿈을 꾸게 되었으며, 경제적 부는 사회적 성공의 척도가 되었습니다. 기술의 진보로 여러 가전제품이 여성을 가사에서 해방시켰고, 여성들의 주요 업무는 '사랑스러운 아내와 헌신적 어머니'의 역할을 담당하는 것이었습니다.

1963년 베티 프리단Betty Friedan (1921~2006)은 여성에게 주어진 사회적 이미지를 급진적으로 해체시켰는데, 이는 향후 '여성운동 선언'으로 이어졌습니다. 더불어서 '행복한 가정주부 히로인'이라는 구호는 모든 여성 운동권의 공격 목표가 되었습니다. 이들은 가정주부의 과장된 행복은 여성의 사회적 소외를 부추기는 조작된 허상이라고 주장했습니다. 미국의 경제적 발전은 여성을 가정주부라는 조작된 역할에 가둘 뿐이고, 그 역할은 전혀 정의롭지 않다고 보았습니다. 이러한 여성운동의 관심은 자연스럽게 가정 내 폭력으로 향하기 시작했습니다.

가정폭력 중 가장 빈번하게 나타나는 것이 아동에 대한 학대입니다. 아동학대는 인류 역사상 오랫동안 있어 왔습니다. 19세기 영국의 자선단체가 '아동에 대한 폭력성과 잔인함'을 반대하는 운동을 시작했으나 아동학대가 정치적 논의의 우선순위가 된 것은 1960년대부터입니다. 당시 아동학대 반대 운동의 목적은 빈곤가족의 경제적 성장을 돕고 어머니들로 하여금 자신의 가치를 재확인토록 하는 것이었습니다.

급진적인 여성운동가 플로렌스 러시Florence Rush(1918~2008)는 1971년 4월 뉴욕에서 열린 '강간에 관한 급진 페미니즘 학회'에 참석해 수백 명의 사람들 앞에서 아동 성학대의 진상을 폭로한 것으로 유명합니다. 그녀는 어린 소녀의 성폭력 고발뿐만 아니라 동일한 고통을 당했던 성인의 경험도 드러내야 한다고 주장했습니다. 행복한 가정주부의 허상을 말한 베티 프리단처럼 성학대와 성폭력이야말로 남성우월주의의 상징이자 가부장적 특권이며, 트라우마로 얼룩진 여성성의 상징이라고 말했습니다.

러시의 강연 이후 스스로를 '강간 생존자'라 칭하기 시작한 피

전쟁 생존자에 맞먹는 아동학대 피해자

아이들은 세상이 안전하다는 기본적인 신뢰를 생애 첫 양육자인 부모와의 관계 속에서 습득합니다. 양육자가 사랑과 존엄성의 태도를 보인다면, 아이의 자존감 또한 발달합니다. 그러나 가정폭력이 행해질 경우 피해자인 아동은 수치심과 모욕감뿐 아니라 도덕적인 죄책감과 열등감을 가지게 됩니다. 아동학대는 신체학대, 정서학대, 성학대, 방임 등 네 가지로 나뉘지만, 대체로 두세 개씩 중복적으로 일어납니다.

연구에 의하면 가정폭력 피해자 역시 전쟁 생존자에게 보이는 증후군을 겪는다고 합니다. 가정폭력 피해자는 사회적으로 피해를 드러내는 경우가 많지 않고, 학대 행위 또한 반복적이고 만성화되는 경우가 많기 때문에 홀로 큰 고통을 안고 만성 트라우마를 겪으며 힘들게 살아가는 경우가 많습니다. 어린 시절 부정적 경험에 많이 노출된 사람은 평생에 걸쳐 몸과 마음뿐 아니라, 사회경제적으로도 힘든 환경에 노출되기 쉽습니다.

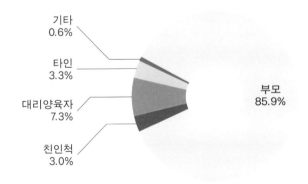

기타
0.6%

타인
3.3%

대리양육자
7.3%

부모
85.9%

친인척
3.0%

학대 행위자와 피해 아동의 관계
(출처: 보건복지부, 2023)

해자들은 당시 새롭게 변화하는 트라우마 개념을 접하면서 자신의 경험을 홀로코스트 생존자와 비교하기 시작했습니다. '말하지 못했던 자들의 증언으로서의 트라우마 경험'은 성폭력을 당한 여성의 고통도 나치 수용소 생존자의 고통에 비유될 수 있으리라는 새로운 시각을 열어 주었습니다.

트라우마를 경험한 사람들

사고나 참사 등으로 정신적 외상을 경험한 사람들을 일반적으로 '트라우마 희생자', '트라우마 피해자', '트라우마 생존자'라고 부릅니다. 각각의 뜻을 엄격히 구분해 사용하지는 않지만, 외상 사건의 규모가 커서 사망자가 많을 경우에는 살아남은 사람들을 트라우마 생존자라 부르기도 합니다. 이 책에서는 용어를 통일하지 않고 적절하게 의미에 맞게 사용하고자 합니다.

트라우마 피해자는 외상 사건에 어느 정도 연결되어 있는가에 따라 넷으로 나눌 수 있습니다. 먼저 외상 사건에 의한 사망자와 신체적 부상 또는 정신적 외상이 있는 생존자를 1차 피해자라고 합니다. 이어서 타인의 죽음이나 부상을 목격한 사람, 1차 피해자의 가족 또는 친구, 외상 사건에 책임이 있다고 생각하는 사람을 2차 피해자라고 합니다. 3차 피해자에는 외상 사건을 담당한 소방관, 경찰, 군인, 응급의료팀 사람들, 그리고 1차 병원의 직원들, 외상 사건을 취재한 기자와 방송인 등이 있습니다. 4차 피해자로는 외상 사건을 간접적으로 접한 지역 주민과 방송 시청자가 여기에 속합니다.

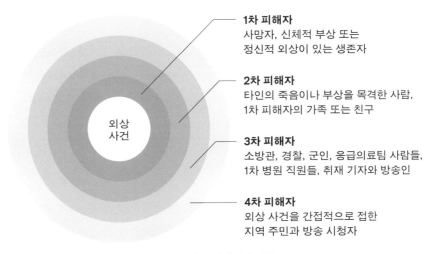

1차 피해자
사망자, 신체적 부상 또는
정신적 외상이 있는 생존자

2차 피해자
타인의 죽음이나 부상을 목격한 사람,
1차 피해자의 가족 또는 친구

3차 피해자
소방관, 경찰, 군인, 응급의료팀 사람들,
1차 병원 직원들, 취재 기자와 방송인

4차 피해자
외상 사건을 간접적으로 접한
지역 주민과 방송 시청자

외상 사건

외상 사건 이후 피해자의 분류

세월호 참사로 본 트라우마의 범위

〈외상 사건 이후 피해자의 분류〉 그림을 보면 트라우마의 범위가 꽤 넓다는 것을 알 수 있습니다. 이 트라우마의 범위는 2014년 세월호 참사 당시를 생각해 보면 이해하기 쉽습니다.

세월호 참사 당시 심리지원 치료팀이었던 저는 생존자뿐만 아니라 인근 지역 중·고 교사들 500명, 사망자 형제와 자매, 사망자 유가족에 이르기까지 트라우마 치료와 교육을 실시했습니다. 당시 팽목항에서 안산으로 시신 이동을 담당했던 소방관들의 트라우마 치료도 진행했었습니다. 세월호 자원봉사 중 극단적 선택을 한 사람들이 있었는데, 많은 사람이 사고 현장에 없었던 일부 교사와 자원봉사자들도 트라우마를 겪을 수 있다는 사실을 접하고는 놀라움을 감추지 못했습니다. 사실, 안산시 단원고 주변의 문방구와 세탁소를 운영하는 주민들까지 모두 트라우마를 호소했습니다.

방송을 통해 300명 이상의 아이들이 세월호 안에서 나오지 못한 채 배가 가라앉는 장면을 본 전 국민이 모두 함께 울었습니다. 이 사회적 트라우마를 겪으며 사회 전체가 우울감에 빠졌습니다. 이렇게 트라우마의 범위는 매우 넓습니다.

트라우마와 뇌의 관계

트라우마는 인간의 뇌와도 깊은 연관이 있으며, 이에 대해서는 지속적으로 연구가 이루어지고 있습니다. 인간의 뇌에서 감정, 행동, 동기부여, 기억, 후각 등 여러 가지 기능을 담당하는 부위를 변연계邊緣系, limbic system라 부릅니다. 변연계에서 가장 중요한 부위로 편도체와 해마체가 있습니다. 먼저 편도체扁桃體, amygdala는 감정 반응체계를 주관하는데, 변연계의 양쪽 측두엽에 위치하며 모양은 아몬드를 닮았습니다. 감정을 조절하고 공포와 불안을 학습하고 기억하는 역할을 하는 편도체는 어떤 상황에 직면했을 때 반응을 어떻게 해야 하는지를 빠르게 인지해서 판단합니다. 여기서 중요한 것은 편도체는 사실을 기억하는 것이 아니라 느낌과 감정을 기억한다는 것입니다. 사실을 기억하는 역할은 해마체가 합니다.

해마체海馬體, hippocampus는 좌우의 편도체 뒤쪽에 한 쌍으로 위치하는데, 생긴 모양이 해마를 닮아서 해마체라 불립니다. 좌측에 위치한 해마는 최근의 일을 기억하고, 우측의 해마는 태어난 이후의 모든 일을 기억하는 것으로 알려져 있습니다. 이처럼 해마체는 기억을 정리하는 역할을 합니다.

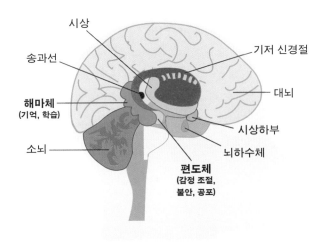

뇌의 변연계 시스템

트라우마로 인한 해마 손상

트라우마를 경험하게 되면 해마체와 편도체는 어떤 변화를 보이게 될까요? 먼저, 기억을 담당하는 해마체는 제대로 작동하지 않게 됩니다. 트라우마가 일어나는 동안 과도한 스트레스 호르몬이 생성되면서 그 기능이 멈춘다고 합니다. 따라서 트라우마 피해자가 트라우마 사건을 잘 기억하지 못하거나 기억의 순서를 뒤죽박죽으로 떠올리게 되는 것이지요. 트라우마의 기억은 한 편의 이야기처럼 사건 진행 순서에 맞추어 차례로 연결되는 형태로 저장되지 않습니다. 그 일에 대한 단편적인 기억 파편이 담긴 이미지와 분리된 소리, 공포의 충격 외에는 아무것도 연결 지을 수 없는 신체적 감각으로 다가옵니다. 해마도 신경의 일부이기 때문에 뉴런을 지속적으로 생성하지만, 트라우마로 인해 과도한 우울증과 스트레스에 직면하게 되면 해마가 손상되면서 그 크기 또한 작아진다고 합니다.

트라우마를 겪을 때 편도체의 변화

이어서 트라우마를 겪을 때 편도체는 어떤 변화를 보이는지 살펴봅시다. 트라우마 사건에 대해 위험을 감지한 편도체가 그에 대한 공포, 불안 등의 감정 신호를 보내면 우리 몸에는 코르티솔^{cortisol}과 아드레날린^{adrenaline} 같은 스트레스 호르몬이 다량으로 분비됩니다. 그 결과 심장박동이 빨라지고 혈압이 올라가면서 호흡이 가빠집니다.

편도체는 이 상황에서 싸울 것인지 아니면 도망갈 것인지를 결정하게 됩니다. 이 결정의 순간은 매우 빠르게 지나가며, 이어 결정을 내린 편도체는 신경체계를 행동으로 옮기게 합니다. 생명을 위협하는 아주 위급한 사건을 경험할 때는 몸이 얼어붙는 현상이 나타나기도 합니다. 몸이 얼어붙는 증상은 '기억 상실'이라는 현상으로 나타나기도 하고 '기절' 현상으로 나타나기도 합니다. 2024년 말 무안공항 제주항공 여객기 참사의 생존자 승무원은 병원에서 깨어난 직후 사건조차 기억나지 않는다고 말했는데, 이는 몸이 얼어붙는 증상의 하나라 볼 수 있습니다.

이 얼어붙는 기능은 때로 가해자로부터 피해자를 보호하는 역할을 합니다. 실제로 동물의 경우 자신보다 강한 동물을 만나면 죽은 듯 쓰러지는 행동을 보이는 경우가 있습니다. 동물의 세계에서는 대부분 죽은 동물을 먹지 않고 그냥 지나가므로, 이는 본능적으로 자신을 지키는 행동을 한 것입니다.

트라우마 피해자 중 얼어붙기를 포함해서 해리성 증상을 보이는 사람은 PTSD 진단으로 나아갈 가능성이 높습니다. 얼어붙기 반응은 트라우마 치료가 끝나도 플래시백flashback을 통해 계속 이어질 수 있습니다. 외부의 자극이 있을 경우 편도체로 하여금 트라우마를 상기시키면서 반응이 고착화되는 것입니다. 외부 환경에 따라 습관적으로 얼어붙거나 마비 증상을 보이는 사람은 평소 신체 운동 등을 통해서 몸을 많이 움직여 주는 것이 좋습니다.

감정표현불능장애, 영어로 알렉시티미아Alexithymia라 부르는 증세도 있습니다. 일반적으로 감정이 가라앉아 있는 상태, 감정 표현을 잘 못하는 상태를 일컫습니다. 다시 말해 일상적인 생활은 하는데, 마치 로봇처럼 감정을 전혀 표현하지 못하는 상태를 말합니다. 감정을 전혀 느끼지 못하는 사이코패스와 달리 알렉시티미아는 감정을 느끼지만 이를 표현하지 못한다는 차이가 있습니다.

트라우마 피해자에게 나타나는 임상적 특징들

트라우마와 뇌의 관계를 설명하면서 몇 가지 트라우마에 따른 증상을 살펴봤는데, 이를 좀 더 자세히 살펴보겠습니다. 트라우마를 경험한 사람들은 모두 급성 스트레스 반응을 나타냅니다. 이는 정상적인 반응이지만, 대부분의 사람들은 이것이 정상적인 반응인지 모르기 때문에 힘들어하고, 그러한 자신의 모습으로 인해 심리적 어려움을 더욱 크게 느낍니다. 트라우마 피해자들에게 나타나는 임상적 특징들을 알고 있다면 이를 극복하는 데 조금이라도 도움이 될 수 있습니다.

그렇다면 트라우마 피해자들에게 나타나는 임상적 특징에는 어떤 것들이 있을까요? 트라우마의 임상적 특징은 시간의 흐름에 따라 첫 번째로 나타나는 1차적 증상과 이어서 나타나는 2차적 증상으로 구분할 수 있습니다.

트라우마 피해자들의 1차적 증상

1차적 증상의 대표적인 증상은 **외상의 재경험**입니다. 악몽이나 플래시백, 침투적 사고intrusive thought 등의 증세가 여기에 속합니다.

악몽은 트라우마에서 가장 흔하게 나타나는 현상입니다. 한 보고에 의하면, 1970년대 킬링필드(1960~70년대에 캄보디아에서 일어난 대량 학살 사건)를 견디지 못하고 베트남과 태국을 경유해 미국과 호주 등지로 망명한 캄보디아 망명자 중에서 PTSD 증세를 보이는 사람의 75% 이상이 반복적인 악몽을 경험했다고 합니다. 이들은 사건에 대한 꿈을 반복적으로 꾸기도 하며, 악몽을 꿀 때마다 심장이 뛰거나 진땀을 흘리거나 극심한 불안, 공포, 고통을 느꼈다고 합니다.

플래시백은 현실에서 어떠한 단서를 접했을 때 그것과 관련된 강렬한 기억과 감정이 마치 필름이 돌아가듯이 다시 재생되는 현상으로, 단순하게 과거를 떠올리는 회상과 달리 현실과 완전 격리되듯 몰입하는 현상으로 나타납니다.

침투적 사고는 원치 않는 생각이나 이미지, 충동이 반복적으로 떠오르는 것을 일컫습니다. 트라우마 피해자들은 외상 사건을 반복적으로 재경험할 때마다 고통스러워하며, 그로 인해 신체적으로 부정적인 반응들을 보입니다. 또한, '기념일 반응'이라는 것이 있는데, 이는 외상 사건이 일어난 동일한 시간대 또는 날짜, 요일 등 사고를 상기시킬 수 있는 기념일에 여러 가지 심리적 반응을 일으키는 것을 말합니다.

두 번째 증상은 **회피 증세**입니다. 회피는 외상과 관련된 중요 사항을 기억하지 못하거나 외상 사건을 연상시키는 장소와 사람, 물건들을 멀리하려고 하는 증상을 말합니다. 넓은 의미로 해리성 기억 상실도 여기에 속합니다. 이 증상을 보이는 사람들은 더 나아가 일상적인 활동에도 흥미를 잃거나 무반응을 보이기도 합니다. 멍한 상태에 있는 모습으로도 나타나는데, 이런 상태가 지속되면 감정 표현이 둔화되는 등 정서적 마비 증세를 보입니다. 또한 회피 증세가 심해지면 타인으로부터 분리되거나 고립된 느낌을 경험할 뿐 아니라 미래가 없다는 느낌을 받기도 합니다.

세 번째는 **과도 각성** 상태로 나타납니다. 과도 각성이라 함은 걱정, 불안 같은 스트레스로 인해 잠자는 시간에도 인간의 뇌가 과도하게 각성 상태를 유지하는 것을 일컫는 의학 용어입니다. 과도 각성 상태가 되면 작은 소리나 빛처럼 사소한 자극에도 민감하게 반응하며, 잠을 잘 자지 못해 집중력이 떨어집니다. 또한 신경이 예민해지면서 쉽게 화를 내기도 하며 불면증으로 인한 수면 장애 등의 증세를 보입니다.

그 밖에 생존자로 살아남은 것에 대한 죄책감 등으로 인한 심리적 고통 증세가 나타납니다. 불안 증세를 비롯해 창백한 안색, 가슴 두근거림, 두통, 어지러움, 흥분, 초조 등의 신체적 반응을 보입니다. 다음은 20세기 초중반 활동한 독일의 시인이자 극작가인 베르톨트 브레히트^{Bertolt Brecht}(1898~1956)의 시 〈살아남은 자의 슬픔〉입니다.

물론 나는 알고 있다.

오직 운이 좋아서

나는 그 많은 친구들보다 오래 살아남았다.

그런데 지난밤 꿈속에서

죽은 친구들이 나에 대해 이야기하는 소리가 들려왔다.

"강한 자는 살아남는다."

그러자 나는 내 자신이 미워졌다.

힘겨운 상황을 함께하지 못하고 친구들을 보내고 나만 생존했다는 죄책감은 트라우마의 생존자에게 보이는 전형적인 트라우마 심리 상태입니다.

트라우마 피해자들의 2차적 증상

트라우마의 2차적 증상 중에는 기분 장애, 약물중독, 충동적 행동, 신체적 증상, 과잉보상, 반복적인 강박, 자기 훼손이나 다른 중독이나 자기 파괴적인 행동 등이 있습니다.

먼저, **기분 장애**에는 우울증, 불안, 적대감 등이 있습니다. 우울증은 오랫동안 공통적으로 발견되어 왔으며 트라우마의 가장 큰 특징이기도 합니다. 불안 증세는 트라우마 증상을 가진 사람들에게 모두 나타났습니다. 한 연구에 의하면 외상 후 스트레스 증상을 보인 환자의 75% 이상에게 긴장감, 흥분감, 공포감이 나타났으며, 환자의 50%는 심장의 두근거림, 갑작스런 두려움 등의 증세를 나타낸다고 합니다. 적대감이란 타인을 싫어하고 불신하는 태도를 말하는데, 피해자는 부모를 포함하여 희생자를 보호해 주지 못한 사람, 피해자를 보호하지 않고 오히려 상처를 주는 사람, 사건이 일어났을 때 가까이 있었던 가족을 비롯한 주위 사람들에게 적대감을 가지게 되는 것을 말합니다.

트라우마 피해자들은 우울과 불안한 감정을 잊기 위해 알코올을 섭취하기도 하고, 다양한 약물을 복용하게 되는데, 이로 인해 **약물 중독** 증세를 보이기도 합니다. 일반적으로 약물 치료는 알코올, 수면제, 진정제 등을 통해 수면을 유도하거나, 불안감을 감소시키는 등 초기에는 어느 정도 트라우마 치유에 도움을 주지만, 지속적으로 장기간 사용할 경우 약물 남용과 의존 증세를 높일 수 있어서, 이로 인해 이중 장애를 가지게 되는 경우도 많습니다.

트라우마 피해자들은 고통을 벗어나기 위해 **충동적 행동**을 저지르기도 합니다. 이러한 충동적 행동에는 갑작스런 생활의 일탈, 예를 들면 여행이나 이유 없는 무단결근, 폭식 등이 있습니다.

트라우마의 2차적 증상 중 **신체적 증상**으로는 두통, 고혈압, 피부 발진, 마비, 기진맥진, 소화불량, 알레르기 반응, 심장 통증 등이 있습니다. **과잉보상**은 상실한 통제 능력을 회복하기 위해 성공, 성취, 운동 등에 몰두하는 것을 말합니다. 이 행위는 치유에 직접적인 영향은 아니지만 트라우마의 긍정적인 결과로 보기도 합니다.

프로이트는 사람들이 외상을 정복하고 해결하기 위해서 종종 외상을 재현하는 것을 관찰할 수 있다고 했습니다. 예를 들면 군 복무 후 귀향한 사람들 중에는 경찰, 소방서, 응급의료 서비스 등의 직업을 갖는 사람들이 많은데요, 이런 현상을 말합니다. 이와 같은 **반복적인**

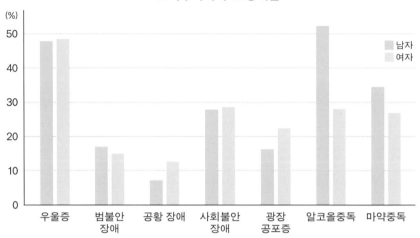

트라우마의 주요 증세들

(%)

출처: Kessler R et al. Arch Gen Psychiatry, 1995

강박은 부정적으로도 나타나는데, 아동기 학대당한 여성이 성인이 되어서 또 다른 학대 성향의 남자와 결혼한다거나, 아동기 학대받은 경험이 있는 남성이 적군에게 난폭하게 행동하고자 군대에 자원하거나, 아동기 가난으로 음식 섭취가 어려운 경험이 있는 경우 폭식증, 또는 거식증 같은 섭식장애를 보이는 것이 그 예라 하겠습니다.

자기 훼손이란 희생자가 스스로를 다치게 하는 것을 말합니다. 화상, 폭력, 과도한 단식, 자해 등 다양한 신체적 학대가 여기에 속합니다. 트라우마 피해자들이 자기 훼손을 하는 것은 언어화할 수 없는 자신의 고통을 표현하기 위해, 정신적 고통을 신체적 고통으로 전환시키거나 그러한 신체적 고통을 통해 자신이 살아 있음을 느끼고자 행하는 등 다양한 이유에서 비롯됩니다.

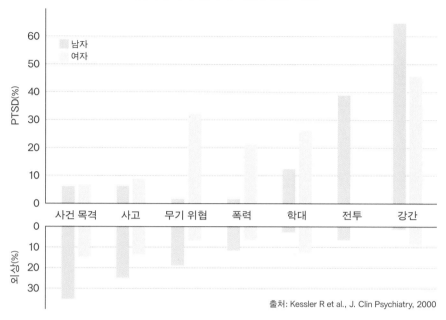

트라우마의 성격에 따른 PTSD 비율

출처: Kessler R et al., J. Clin Psychiatry, 2000

이 밖에도 충동적 도박, 강박적 운동, 섹스중독, 쇼핑중독 등 다양한 **중독** 증세와 **자기파괴적 행동**들을 보입니다. 이러한 증세들은 하나만 나타나는 것이 아니라 서로 공존하는 경향이 큽니다.

트라우마와 PTSD 진단 비율의 관계

어떤 트라우마를 경험하는가에 따라 PTSD 진단 비율이 다르게 나타나며, 또 남자와 여자의 비율도 다르게 나타납니다. 우리나라의 PTSD 역학에 대한 자료는 부족한 실정이나, 일반 인구에서 2000~2001년에 조사된 정신 장애 역학 연구에 의하면 PTSD의 평생 유병률은 1.7%(여성 2.5%, 남성 0.9%)이고, 1년 유병률이 0.7%(여성 1.3%, 남성 0.1%)입니다. 남자의 경우 5~6% 정도 평생 유병률을 보인 반면, 여자의 경우 남자에 비해 두 배 정도 많은 수가 발병하는 것으로 알려져 있습니다.

남자의 경우 대체로 전쟁 경험이 가장 흔한 외상이지만, 여자의 경우 폭행이나 강간 등으로 정신적 충격을 받는 경우가 많습니다. 남성의 경우 성폭력이라는 외상의 경험이 여성보다는 낮게 나타나지만, 이것이 PTSD 질환으로 가는 경우는 여성보다 더 높게 나타납니다.

PTSD 진단율은 어떤 사건을 경험하는가에 따라 다른 것으로 보고되는데, 강간에서 가장 높지만 그 외에 전쟁, 신체 폭력, 무기로 위협을 당하거나, 유괴 또는 인질로 붙잡히는 경우, 고문 피해 등에서 높은 것으로 알려져 있습니다.

어떤 사람들이 트라우마에 취약할까

PTSD의 발병은 어느 나이에서나 가능하지만 외상에 노출될 가능성이 높은 젊은 나이에서 흔하게 나타납니다. 젊은 나이에 발병하여 제대로 치료하지 않는 경우 50% 이상 만성화될 수 있어 개인적인 불행을 넘어 사회, 국가적 손실을 초래할 수 있습니다. 한편, 같은 종류의 외상에 노출된 경우에는 소아, 노인에서 PTSD의 발병률이 높습니다.

좀 더 자세히 외상 후 스트레스에 취약한 계층을 언급하자면 다음과 같습니다. 어린이, 노인, 심신 취약자를 비롯해 재난 지역의 소방, 군인, 경찰, 방재, 사회복지와 대민업무 담당자, 기관사, 응급실

직업에 따른 PTSD 유병률

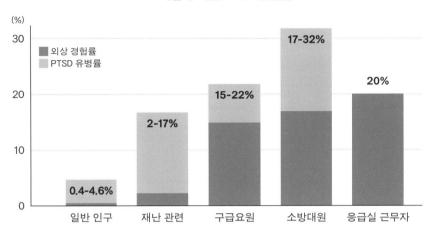

근무자, 구조요원, 자원봉사자 등, 전쟁 또는 분쟁 지역의 주민, 풍수해 피해 발생 지역 사람들, 경제적으로 취약한 사람들, 아동학대, 부부 갈등, 재산 다툼 등을 경험한 사람들, 따돌림, 부정적 대인관계를 맺고 있는 사람들, 심리적 탄력성이 부족한 사람들과 가족 중 PTSD 환자가 있는 경우 등이 있습니다.

트라우마에 가장 많이 노출되어 있는 소방관

세계적으로 트라우마에 가장 많이 노출되어 있는 직업군은 소방관입니다. 소방관의 트라우마 치료를 실시한 적이 여러 번 있는데, 제가 치료 프로그램을 진행하는 도중에도 갑작스레 화재 현장으로 달려가는 일이 많았습니다. 그만큼 극한 직업임을 알 수 있습니다.

이들은 재난 현장에서 수시로 죽거나 다치는 사람들을 목격하

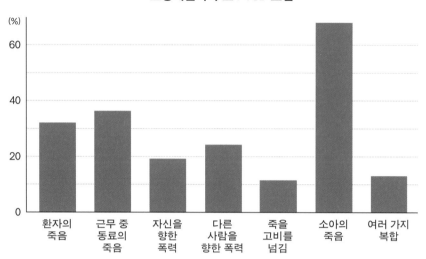

소방대원의 주요 PTSD 요인

면서 받는 트라우마가 가장 큽니다. 특히 사망자 중에 어린이가 포함될 경우와 동료가 죽을 경우에 죄책감을 동반한 트라우마 증세가 가장 크게 나타납니다. 또한 위험 상태에 지속적으로 노출되어 작업하기 때문에 죽음에 대한 두려움이 크며, 심한 부상을 직접 경험하기도 합니다. 이들은 불규칙적인 수면과 식사 시간뿐 아니라 시민들로부터 언어 폭력 또는 물리적인 폭행까지 받는 등 스트레스가 최고치였습니다. 따라서 평소에도 불안한 상태로 일상생활을 하고 있습니다. 그로 인해 소방관의 가족들 역시 불안도가 높게 나타납니다.

2

트라우마, 어떻게 치유해야 할까

트라우마 치유에는 애도가 필요하다

'애도'란 의미 있는 대상을 상실한 후에 마음의 평정을 회복하는 정신 과정을 말합니다. 죽음으로 인해 갑자기 원치 않게 사랑하는 사람과 관계가 끊어진 후 남은 유가족들이 충분히 애도할 수 있도록 심리적으로 도와주어야 합니다. 그래야 슬픔과 고통으로부터 자유로워질 수 있습니다.

가까운 사람의 상실이 남겨진 사람들에게 커다란 정신적 고통을 주는 것은 쉽게 이해할 수 있습니다. 그중에서도 살인 또는 예기치 못한 사고로 가까운 사람을 잃게 되면 남은 사람들의 정신적 고통은 단순한 애도로 이해하고 접근하기 어려울 정도로 일반적인 상실감 외에 더 큰 충격과 혼란, 분노가 수반됩니다.

남은 유족들은 직접 사고를 당한 희생자와 비슷한 경험뿐만 아니라 유족들만의 독특한 경험을 동시에 겪게 됩니다. 경제적 문제, 사회적 낙인, 재발의 공포, 자신과 사회에 대한 부정적 견해, 트라우마에 대한 공포, 죄책감과 책임감 등을 모두 경험할 수 있습니다. 이러한 모든 상황이 유족들의 정신 건강을 위협합니다.

사람들은 애도를 해야 한다고 말하지만 막상 애도하려고 하면 불안해서 막는 경우가 많습니다. 종종 사람들은 유가족에게 "울지 말아요", "빨리 잊으세요" 하고 말하지만 유가족 입장에서는 이런 말을 듣는 것도 고통스러울 수 있습니다. 애도 시기에는 충분히 슬퍼하고 유가족들이 사랑하는 사람에 대해 더 많이 이야기하고, 더 많이 느끼게 해서 사랑하는 이에 대해 완료되지 않은 것들을 정리할 수 있도록 충분히 기회를 주는 것이 좋습니다. 이것이 바로 애도의 핵심입니다.

애도에 도움되지 않는 말들

우리는 무의식적으로 사람들에게 도움이 되지 않는 말을 자주 건넵니다. 아래는 상실을 경험한 사람을 대상으로 했을 때 도움이 되지 않는 말들의 예입니다. 이런 예시들을 알고 있다면 의도치 않게 남아 있는 사람들에게 상처를 주는 일은 없을 것입니다.

이미 경험한 상실을 최소화해서 말하기

"네 아기가 죽어서 하늘에 천사가 됐을 거야."

(하지만 내가 아기를 가진 것은 하늘에 천사를 만들기 위한 것이 아니다.)

"아이는 언제라도 가질 수 있잖아."
"다른 자식들도 있으니까."
(하지만 어떤 아이도 죽은 아이를 대체할 수 없다.)

"아직 젊으니까 또 결혼할 수 있을 거야."
(하지만 그런다고 해도 그 사람은 돌아오지 않고, 내 상실감도 줄어들지 않는다.)

"이미 훌륭하고, 긴 결혼생활을 했잖아."
(하지만 바로 그 사실이 내가 잃어버린 것에 대해서 심한 고통을 느끼게 만든다.)

"할아버지께서 나이가 많이 드셨지."
(하지만 그 사실 때문에 나는 할아버지를 더 좋아했다.)

사별의 관점에서, 고인은 그 무엇으로도 대체할 수 없습니다. 그럼에도 위로한답시고 경험한 상실을 최소화해서 말을 거는 사람들이 많습니다. 이는 유가족에게 죽은 사람에 대해서 그만 생각하라고 말하는 것과 같습니다. 하지만 사별한 사람의 친구들과 친척들, 혹은 사회 전체가 사별한 사람이 필요로 하는 것에 더 이상 개입해서는 안 됩니다.

경험하고 있는 비통함을 그렇게 느끼지 말라고 조언하기

"강해져야 해."

"어금니를 꽉 물어."

"괜찮을 거야."

"화내지 마."

"얼굴에 미소를 지어 봐."

"이제는 네가 이 집의 가장이야."

"왜 아직도 화나 있니? 그건 이미 지난 일이잖아."

"너는 바쁜 일상과 네 일로 돌아가야 하고, 그를 잊어야 해."

사실 그 누구도 경험하고 있는 것을 경험하지 못하도록 할 수는 없습니다. 우리는 이런 비통함과 함께 살아가야 하므로 그것을 이겨내며 살아낼 필요가 있습니다. 위의 예시들은 어떤 감정이나 비통함을 경험하는 것이 사별한 사람에게 좋지 못하다고 말하고 있습니다. 이런 말들은 상실자의 비통함이 다른 사람들을 불편하게 만들고 있으며, 그것은 부적절하다는 의미를 전달합니다. 하지만 이러한 조언은 애도에 전혀 도움이 되지 않습니다.

애도에 도움을 주는 것들

그렇다면 어떻게 말을 하는 것이 비통함에 빠진 사람에게 도움이 될까요? 상실을 경험한 사람이 느끼는 감정 중 하나가 죄책감입니다. 그 상실의 원인이 본인 탓이라는 생각이 지배적입니다. 그래서 자연스럽게 발생하는 감정을 억압하거나 그 상황으로부터 회피하고

자 하는 양가적 본능이 잠재해 있습니다. 결국 상실의 감정을 대면하지 못하고 슬픔을 회피하게 될 때 상실자는 역기능적인 감정에 휩싸이게 됩니다. 따라서 남아 있는 사람들에게는 일어난 일에 대해서 스스로를 탓하지 않게 하고, 용기 있거나 강한 척하는 것도 하지 않아도 되며, 스스로에 대해서 미안해하지 않게 하는 것이 필요합니다. 또한 주변인들은 유가족이 혼자이고 싶어 하는 마음을 존중해 주는 것이 필요합니다. 슬퍼할 시간을 주는 것은 정말 중요합니다. 또한, 사별한 사람이 고인에 대해서 말하고 싶어 하거나 그렇지 않을 수 있습니다. 그것을 유가족들이 결정하도록 하고 따라주는 것이 좋습니다. 애도 기간 내내 유가족이 스스로의 애도 방식을 찾을 수 있도록 배려하는 일이 필요합니다.

사람들은 종종 머뭇거리면서 심각한 비통함을 경험하는 사람들에게 다가가는 것이 부적절하다고 느끼기도 합니다. 하지만 아무것도 하지 않는 것보다는 도와주는 것이 더 낫습니다. 다만 도와주려는 노력을 하면서 상투적인 어구와 진부한 이야기는 늘어놓지 않는 것이 좋습니다. 때로는 "네게 무슨 이야기를 해야 할지 모르겠어", 혹은 "어떻게 도와줄지 모르겠어", 아니면 "내가 지금 무엇을 해야 할까?"라고 말하는 것만으로도 충분합니다. 사별한 사람과 같이 앉아서 함께 울어 주는 일이 더 도움이 될 때도 있습니다. 유족 입장에서는 대화할 수 있는 사람이 있다는 것만으로도 위안을 받을 수 있습니다. 혼자 고립되어 있다는 느낌을 주지 않는 것이 필요합니다.

상실을 경험한 사람은 마음과 정신뿐만 아니라 신체적으로도 힘들어합니다. 가벼운 산책은 육체적 스트레스를 줄이는 데 도움이 될 수 있으며, 마사지도 긴장을 완화시키는 데 도움이 될 수 있습니다. 만약 화가 치밀어 오른다고 한다면, 그 울분을 풀 수 있는 육체적인 표현 방법을 찾게 도와주는 것도 좋습니다. 소리 지르기, 함께 눈물 흘리기 같은 행위를 함께 하는 것도 좋습니다. 고인과 관련된 그림을 그리거나 글을 써보고 고인과 관련된 카드, 꽃, 사진, 특별한 물건과 같이 귀중한 물건들을 담아 두는 추억 상자를 만들어 안정을 찾을 수 있도록 도움을 줄 수도 있습니다.

사랑하는 사람을 보내고 나면 웃음이 나오지 않을 수 있습니다. 하지만 유머, 웃음은 슬픔에서 빠져나올 수 있는 돌파구가 될 수 있습니다. 나를 기쁘게 해줄 과거를 회상하는 것은 원기를 회복할 수 있는 휴식 시간이 될 것입니다.

유족의 경우 다시 일상으로 복귀할 때 가능하다면 친구 또는 동료들에게 '죽음'과 관련해서 말하고 싶은지 아닌지를 알리는 것도 좋습니다. 직장으로의 복귀 시에는 평상시보다 집중력이 떨어져 있기 때문에 단기적이고 다루기 쉬운 일부터 시작하는 것이 좋습니다. 일을 통해 기분 전환이 될 수 있지만, 슬픔을 완전히 신경 쓰지 않는 것은 힘들 것입니다. 스스로에게 하루 중 산책이나 짧은 휴식을 주어 슬퍼할 수 있는 시간을 가지는 것도 좋겠습니다.

참사 트라우마 치유에는 사회적 애도가 필요하다

최근 우리 사회도 대형 재난을 겪었을 때는 국가적으로 애도 기간을 정해 놓습니다. 2022년 10월의 이태원 참사와 2024년 12월의 무안공항 제주항공 여객기 참사 사건 때는 국가가 일주일의 애도 기간을 선포하기도 했습니다. 국가적인 애도 기간을 주는 것은 여러 가지로 필요합니다. 모든 국민이 해당 사건을 추모하는 기간이 되기 때문입니다. 또한 왜 이런 사건이 생기게 되었는지 점검하는 시간을 통해 우리 사회를 생각하게 됩니다. 유가족에게도 국가가 이 사건을 외면하지 않는다는 생각과 국가가 함께한다는 소속감과 안전감을 가지게 합니다.

　　애도 기간 동안에는 방송이나 언론을 통해 들려오는 무분별한 사건 내용이나 유언비어 등을 막을 수 있는 시간을 가질 수 있습니다. 이러한 사회적 애도 행위는 국민 전체가 겪는 사회적 트라우마 치유에 도움이 됩니다.

아는 것이 힘

　　트라우마 경험은 일정 시간이 경과한 뒤에도 그 경험이 반복적으로 습관화, 학습화되는 경향이 있습니다. 이로 인해 낮은 스트레스 상황일 때에도 높은 스트레스 상황으로 지각하여 심리적으로 힘들어하거나 극단적으로 자살을 선택하기도 합니다. 따라서 트라우마 피해자들에게는 외상 사건 경험 직후에 일어날 수 있는 다양한 스트레스 반응에 대해 알려 줄 필요가 있습니다. 신체적, 인지적, 정서적, 행동적, 영적인 차원에서의 다양한 변화에 대해 미리 알려 주고, 외상 사건에 노출된 사람들이 겪게 되는 반응 단계에 대해 설명을 해주어야 하며, 각 단계에 따른 심리적 개입이 이루어져야 합니다.

　　개인은 살면서 다양한 사건들을 겪고 극복하고 대처하는 과정에서 세계와 자기에 대한 상을 형성하고 이후의 경험들을 해석하기도 합니다. 자신의 상처를 돌아보고 그 속에서 의미를 발견한다면 상처를 극복하고 성장하게 됩니다. 하지만 그렇지 못하다면 상처는 지속되고 문제로 이어집니다. 개인은 충격적이고 비일상적인 사건을 겪을 때 자신의 경험을 이해하려 하고 자신의 인지 속에 통합하려 하는데, 사건이 비일상적일수록 통합과 재구성을 위해서 각별한 노력이 필요합니다.

트라우마 피해자들이 어떤 증상을 나타내며 어려움을 겪는지를 아는 것은 매우 중요합니다. 왜냐하면 트라우마 피해자들에게 나타나는 증상을 알고 있으면 이들이 겪는 문제와 어려움을 전체적으로 이해하는 데 도움이 되기 때문입니다. 또한 이들에 대한 치료 계획을 세우는 데에도 효과적입니다.

트라우마 치유를 위해서 먼저 트라우마 피해자가 인지하고 있으면 좋은 것들이 있습니다. 그중 첫 번째가 자신이 그 힘든 트라우마에서 살아남았다는 사실을 인지하는 것입니다.

트라우마의 임상적 특징 중 하나가 플래시백 현상입니다. 드라마 〈더 글로리〉를 보면, 주인공이 불판 위의 삼겹살이 지글지글 구워지는 소리에 학창 시절의 학교 폭력을 당했을 때의 기억이 떠올라 바닥에 주저앉는 장면이 나옵니다. 일종의 플래시백 현상입니다. 이런 증상이 일어날 때 특히 기억해야 하는 것이 바로 지금의 나는 트라우마에서 살아남았다는 사실입니다. 이러한 사실 인지가 트라우마 치유에 큰 도움이 됩니다. "나를 파괴하지 못한 것은, 나를 더 강하게 만든다." 니체의 이 말을 떠올리는 것도 도움이 됩니다.

트라우마 치유의 최종 목표

트라우마 치유의 최종 목표는 일상으로 돌아가 삶의 질을 향상시키는 것입니다. 따라서 트라우마 치유에서 가장 중요한 것은 현재의 삶에서 안정을 회복하고 정상적인 삶을 살아가는 것입니다. 대부분의 트라우마 희생자들은 과거의 일에 너무 많이 집중하느라 현재의 삶을 놓치는 경우가 많습니다. 우리는 과거의 트라우마에 지지 말고 앞으로 나아가야 합니다.

사람에 따라서 다르지만, 대부분 가벼운 일상의 트라우마는 쉽게 치유됩니다. 하지만 장거리 마라톤처럼 긴 시간이 걸려야 치유되는 트라우마도 있습니다. 또한 개개인이 어떠한 회복력을 지녔는가에 따라 치유 기간이 달라지기도 합니다. 같은 외상을 경험해도 발병 시점은 개인별로 다르게 나타납니다. 바로 발현되기도 하고 몇 개월 뒤, 때로는 몇 년이 지난 후에 발병되기도 합니다.

큰 전투를 경험했지만 트라우마가 생기지 않은 10인의 참전군인을 대상으로 한 연구에서는 이들이 공통되게 높은 사회성, 적극적인 대처 능력, 자신이 운명을 스스로 통제할 수 있다는 강한 믿음을 지니고 있다는 결과를 냈습니다. 사람은 저마다 다양한 자원을 지니고 있습니다. 높은 사회성, 적극적인 성격, 강한 믿음뿐 아니라 경제적 여유, 높은 학력, 문화적 소양, 사회적 네트워크 등도 자원이라 할 수 있습니다. 참전군인의 경우에는 앞에서 언급한 높은 사회성, 적극적인 성격, 강한 믿음 등의 자원을 풍부하게 지닌 사람들이 트라우마에 크게 영향을 받지 않고 잘 견디지만, 해당 자원이 적은 사람들은 트라우마에 취약한 경우가 많았습니다.

생의 주기로 보면 트라우마에 노출되기 가장 쉬운 시기는 청소년 시기라고 볼 수 있습니다. 이때는 심리적으로도 가장 취약한 시기이기도 합니다. 사춘기와 청소년 시기에 우리 사회와 가정이 특별한 관심을 가져야 하는 이유 중 하나일 것입니다.

나를 용서하고 수치심과 결별하기

트라우마 피해자들은 죄의식과 수치심이 높게 나타납니다. 혼자 살아남았다는 죄책감 때문인데요, 그렇기에 트라우마 치유에서는 나를 용사하고 화해하는 것을 중요하게 생각합니다. 하지만 자신 스스로 용서하는 일은 매우 어려운 일입니다.

2009년 1월 미국 뉴욕시 맨해튼 허드슨강에서 항공기 추락 사고가 일어났습니다. 이 사고에서 오직 2명만 부상을 입었을 뿐 155명의 승객과 승무원 전원이 무사히 구조되었습니다. 이를 일러 '허드슨강의 기적'이라고 부릅니다. 당시 조종사 체슬리 설른버거Chesley Sullenberger는 영웅이 되었습니다. 그런데 그는 방송 인터뷰에서 "이번 사고를 겪으면서 가장 힘들었던 것은 좀 더 완벽하고 좀 더 나은 무언가를 해내지 못한 내 자신을 용서하는 것이었습니다"라고 말했습니다. 영웅으로 불린 그조차도 사건 충격으로 인한 트라우마 치유 과정에서 자기를 받아들이는 과정이 가장 힘들었던 것입니다.

우리 내면의 목소리는 스스로 자책하고 후회하게 함으로써 수치심을 느끼고 자기 용서를 쉽게 할 수 없게 만듭니다. 그러나 트라우마 사건은 자신이 통제할 수 있는 부분이 아님을 기억해야 합니다. 내 잘못이 아님도 알아야 합니다. 그런데 많은 사람이 말합니다. "내가 그곳에 가지 않았더라면…", "내가 좀 더 현명했더라면…", "내가 상황 파악을 더 잘하고 준비했더라면…". 트라우마 치유에서 자신을 용서하고 화해하는 과정은 꼭 필요합니다. 자신과 화해하고 내면에 평화로움을 찾는 것은 치유에 가장 중요한 부분입니다.

트라우마 치유, 언제 시작해야 할까

트라우마 치유는 가급적 빨리 시작하는 것이 좋습니다. 어린 아이의 경우는 특히 더 그렇습니다. 빨리 시작할수록 좋은 치료 결과를 볼 수 있기 때문입니다. 일반적인 경우 사건 후 신체적인 부분의 치료, 장례 절차 등 개인적, 외적으로 해야 할 일들이 있다면 이를 마치고 시작하는 것이 좋다고 봅니다. 세월이 많이 흐른 시점에 트라우마가 나타나서 치료하려고 하는데 이렇게 늦게 시작해도 괜찮은지 묻는다면, 저는 당연히 좋다고 말합니다. 지금 트라우마 치료가 필요하다고 인식하게 된 것은, 지금 일상에서 트라우마가 발현되게 한 계기가 생겼기 때문입니다. 현재 몸과 마음이 평소와 다른 불편함을 알려 주었기 때문입니다. 치료에서 너무 늦은 때라는 것은 없고 지금이라도 시작하는 것이 안 하는 것보다 낫습니다.

빨리 치료해야 한다고 급히 서두를 필요는 없습니다. 한 걸음씩 꾸준히 시작하고 진행하는 것이 중요하기 때문입니다. 우리나라 속담에 '천 리 길도 한 걸음부터'가 있습니다. 중국 격언에는 '옳은 방향을 향해 작은 걸음으로 많이 걷는 것이 한 번 껑충 뛰고 뒤로 넘어지는 것보다 낫다'는 말이 있습니다.

당장 회복하고 싶어 조급함으로 치료를 시작하거나 또 치료를 강요하거나 강요당해서도 안 될 것입니다. 천천히 한 걸음씩 꾸준히 진행되는 동안 내가 나의 내적 통재권을 가지게 되는 시기를 경험하게 됩니다. 작은 결과들이 하나씩 쌓일 때 치유가 이루어지며, 자신감과 자존감도 회복됩니다.

어떤 치료 방법들이 도움이 될까

전문적인 치료 프로그램 외에도 다양한 치료 방법들이 있습니다. 당연히 개인적 상황에 따라 치료 방법과 치료 효과는 차이가 날 수 있습니다.

그런데 우리나라 트라우마 피해자들이 치료기관에서 사용하는 치료 방법들을 보면 주로 물리치료나 마사지 기계 사용을 선호하는 것을 볼 수 있습니다. 선택적 어려움이 없고, 특별히 정신적, 심리적으로 힘들지 않아도 된다는 생각에 사용 선호도가 가장 높다고 볼 수 있습니다. 이런 기기를 이용해서 근육 이완을 하면서 수면을 취하는 것을 비롯해서 때로는 대화를 나누는 것을 치료 프로그램이나 치료 방법 중 하나라 생각하는 경우도 종종 보았습니다.

그러나 저는 위와 같은 물리치료 외에 별도의 치료 프로그램에 참여할 것을 권합니다. 치료 프로그램에 참여하는 것이 고통스럽고 때론 시간적 여유도 있어야 하고, 치료기관의 규칙을 지켜야 하고, 잊고 싶고 꺼내기 싫은 사건을 재현해야 한다는 부담이 있겠지만, 프로그램에 참여하는 것을 가장 권하고 싶습니다. 처음엔 1 대 1로 대면하는 것이 좋고, 시간이 지난 뒤에는 집단 프로그램에 함께 참여하는 것이 치료 효과에 도움을 줍니다. 외국의 수많은 트라우마 치료기관에서 이완요법, 명상 등의 프로그램을 진행하는 것을 본 적은 있어도 주요 치료 프로그램으로 마사지만 하는 경우는 아직까지 본 적이 없습니다.

트라우마 치유로 많은 사람이 근육 이완을 하도록 강조하고 권장합니다. 스트레스 해소에 좋은 방법이기 때문입니다. 그러나 너무 이완만을 강조하고 움직이지 않으면 우울해지기 쉽습니다. 트라우마에는 적당한 강도의 근육운동이 필요합니다. 트라우마 환자의 경우는 근육이 이완될수록 더 불안해지기도 합니다. 불안, 공황장애 환자에게는 적당한 근육 긴장을 주는 것이 잠도 잘자고 스트레스도 호전됩니다. 우리가 운동을 하며 움직일 때 트라우마 치유가 시작되는 것입니다. 이것은 얼어붙기 반응에 대응하는 것이기도 합니다. 또한 스트레스 반응을 억제하는 육체적인 능력을 증가하는 것이며, 몸의 면역성을 높이는 일이기도 합니다.

그 외에 본인들에게 효과가 있다고 생각되는 것들을 즐거운 마음으로 꾸준히 하면 좋습니다. 종교를 통해서도 많은 수용과 치료가 이루어질 수 있습니다.

다양한 트라우마 치유 방법

PTSD 진단을 받은 경우 전문적인 치료 방법은 크게 심리사회 치료와 생물학적 치료로 나뉩니다. 생물학적 치료의 대표적인 것은 약물 치료로, 여기에는 항우울제와 기분안정제, 항정신병약물 등이 사용되고 있습니다. 심리사회 치료와 생물학적 치료는 병행할 때 더 효과적입니다.

가벼운 트라우마의 경우 일상의 충분한 수면, 영양 상태 호전, 산책과 운동도 트라우마를 회복하는 데 큰 도움을 줍니다. 이외에도 음악, 그림, 춤 등 다양한 예술치료가 있습니다. 특히 최근에는 예술치료가 전 세계 여러 문화권에서 트라우마 치유에 활발히 활용되고 있는데, 그 이유는 환자가 두려움으로 말을 못하는 문제가 있더라도 전혀 걸림돌이 되지 않는다는 장점 때문입니다.

트라우마 치료를 위해서는 트라우마에 대한 정확한 이해, 대상별 프로그램 선별, 트라우마 각 단계별 치료 프로그램 선정, 매체 선택, 기법 등 트라우마와 심리, 의료 등 전문적인 치료기법을 적용해야 함을 정확히 인지하고 있어야 합니다.

임상미술치료는 트라우마 치료에 어떤 도움을 주는가

여러 나라와 많은 재난 현장에서 다양한 계층의 트라우마 피해자들을 만나면서 저는 '예술과 의료에는 국경이 없다'는 사실을 강하게 깨달았습니다. 트라우마 치료 방법 중 미술치료를 통해 환자를 치유할 때 그 효과가 아주 좋았습니다. 미술은 언어의 장벽도 국경도 없습니다. 또한 인간이 가지고 있는 심성을 표현하고 찾아내는 데 큰 도움을 줍니다. 따라서 미술치료는 과거의 외상 사건과 관련된 것과는 다른 경험을 제공하여 새로운 과정을 통해 암묵적이고 자동적인 반응을 줄이는 데 도움을 줍니다. 또한, 유연하고 일관성·안전성 있는 대인 간 정신 상태를 유지하거나 증가시킬 수 있도록 도와줍니다.

그림 작품을 통해서는 트라우마의 변화 과정을 관찰할 수 있는데, 그림은 불안한 내면 상태를 안전한 미술적 표현을 통해 완화시키고 내면을 탐색할 수 있는 기회를 제공합니다. 또한 내면 심리 상태 파악을 통한 자기 인식을 증진할 수 있습니다. 그리고 현재 인식하고 있는 주변 환경에 대한 정보를 제공하기도 합니다. 자신이 현재 지각하고 있는 주변 환경에 대해 불안정한 구도 및 묘사로 부적응 상황을 직접적으로 언급하지 않더라도 트라우마 피해자의 환경 지각을 확인할 수 있습니다. 언어를 매개로 한 면담이나 심리 진단의 경우 왜곡하여 표현할 수 있는 반면, 임상미술치료는 이러한 언어적 검사를 보완할 수 있는 지표로 활용할 수 있습니다.

트라우마가 생긴 사람들은 시간이 많이 흐른 뒤에도 과거의 일을 말하려고 하면 심하게 괴로움을 느끼는 경우가 많습니다. 피해자들은 당시의 사건을 통해 공포와 분노를 다시 경험하고, 동시에 싸우거나 도망가고 싶은 충동을 느끼게 됩니다. 그러나 이러한 상황들을 모두 말로 설명하는 것을 힘들어하는 피해자들이 많습니다. 이들은 가장 견디기 힘든 순간의 기억으로 다가갈수록 언어를 사용해서 표현하는 것을 더 힘들어합니다.

환자에게 트라우마의 순간은 언어화되어 있지 않고 흐름도 없고 감정이나 해석이 들어가 있지도 않습니다. 이야기를 재구성할 때는 사건이 일어나기 전부터 사건이 이어진 상황을 검토하고 이야기를 하게 됩니다. 이것은 삶을 재생시키는 작업이고 과거와의 느낌을 연결하는 과정이라고 볼 수 있습니다.

하지만 언어로 설명하지 못하는 상황에서도 트라우마 피해자들에게는 그 지워지지 않는 이미지들이 되살아나 머릿속을 채우고 있을 때가 많습니다. 미술치료는 그 이미지들을 표현할 수 있게 하는 강력한 방법입니다. 이 방법은 트라우마 치료에 큰 도움이 됩니다.

환자들은 그리기 등의 활동처럼 비언어적 방식을 사용하는 것을 안전하게 생각합니다. 자신의 감정을 그림으로 표현하면 '지워지지 않는 심상'에 매우 효과적으로 접근할 수 있습니다. 예를 들어 사랑, 행복, 기쁨, 슬픔 등의 추상적인 개념을 색을 통해 트라우마 피해자들이 본인이 생각하는 상징적 이미지로 표현하면 치료사들은 그 의미를 파악하고 치료 프로그램을 진행할 수 있습니다. 시각적 미술치료를 통해 무의식을 끌어내 외상에 대한 이미지를 표현할 수 있습니다. 특히 트라우마에 취약한 아이들에게 그림은 훌륭한 의사소통 수단입니다. 이들은 외상의 주제를 반복적으로 표현하는 경향이 있습니다. 이러한 시각적 접근은 트라우마 치유에 강한 힘을 발휘합니다.

미술치료 후에는 심상을 포함하고 있는 이야기를 언어화하는 것이 필요합니다. 트라우마를 언어화할 때 사건에 대한 심상과 신체적인 감각이 들어 있지 않으면 이야기는 힘이 없고 불완전해지기 때문입니다.

화가의 트라우마, 예술로 상처를 말하다

미술 활동은 자기표현을 통해 자신에 대한 이해를 돕는 유용하고 효과적인 방법 중 하나입니다. 1950년대 활동한 미술치료사 이디스 크레이머Edich Kramer(1916~2014)는 미술 활동의 치료적 과정을 통해 갈등이 재경험되고 해결되며 통합된다고 보았습니다. 그렇다면 화가들은 어떻게 자신의 트라우마를 예술로 승화시켰을까요? 자화상을 그린 대표적인 화가의 작품을 통해 살펴보겠습니다.

성과 죽음에서 진실을 표현하고자 한 에곤 실레

에곤 실레Egon Schiele(1890~1918)는 나름 중산층의 안락한 삶을 살았으나 성격상 주위 사람들과 잘 어울리지 못하고 고독을 느끼는 사람이었습니다. 그의 아버지는 결혼 당시에도 이미 성병을 갖고 있었고 그로 인해 사망에 이르게 되었으나 어머니는 아버지의 죽음에 무관심한 태도로 일관했습니다. 이런 부모 아래에서 자란 어린 시절 실레의 트라우마는 그의 작품에 영향을 미치게 되었는데요, 그는 그림이란 진실을 보여주어야 하는 것이라 생각했으며, 그중에서도 성性

〈겨울버찌와 자화상〉(1912), 에곤 실레, 레오폴드 미술관 소장.

과 죽음에서 그 진실을 표현해 구원에 이르고자 했습니다. 그는 그가 활약한 20세기 초에는 금기시되었던 자위나 동성애 등을 과감하게 그림으로 표현했는데요, 이러한 에로티시즘eroticism은 무기력, 공포감, 두려움 등을 담고 있습니다. 실레는 자신의 모습을 날카로운 선과 수수한 색상, 뒤틀린 자세로 표현하면서 삶과 죽음에 대한 문제를 작품으로 승화시켰습니다. 죽음에 대한 공포와 관능적인 본능, 의심과 불안 등을 묘사하고, 배경을 비워 고독과 단절감을 강조했습니다.

신체적 고통과 사랑의 아픔을 표현한 프리다 칼로

프리다 칼로Frida Kahlo(1907~1954)는 어린 시절 어머니가 우울증이 심했기 때문에 유모의 보살핌을 받고 자랐습니다. 6세 때 소아마비에 걸려 오른쪽 다리에 장애가 생겼고, 이 때문에 내성적이고 관념적인 성격이 되었습니다. 18세에는 교통사고로 인해 척추와 오른쪽 다리, 자궁을 크게 다쳤으며, 평생 30여 차례의 수술을 받기도 했습니다. 이때의 사고로 인한 정신적·육체적 고통은 그녀 작품의 주요 주제가 되었습니다. 또한 남편 디에고 리베라의 자유분방하고 문란한 여자관계로 인해 고통 속의 나날을 보냈는데요, 남편에 대한 실망과 배신, 분노는 프리다 칼로의 작품 전반에 많은 영향을 끼쳤습니다. 그녀는 사고로 인한 신체적 고통과 남편 리베라 때문에 겪은 사랑의 아픔 등을 극복하기 위해 거울을 통해 자신을 관찰하고 표현한 자화상 그림을 많이 그렸습니다. 그녀는 선천적인 골반 기형으로 인해 아이를 낳을 수 없는 고통, 세 번의 유산 경험을 예술로 승화하기 위해 탯줄이나 밧줄, 뿌리 등과 같은 오브제를 많이 사용했습니다.

〈부러진 척추〉(1944), 프리다 칼로, 돌로레스 올메도 미술관 소장.

〈자화상〉(1889), 빈센트 반 고흐, 오르세 미술관 소장.

마음의 상처를 수많은 걸작으로 탄생시킨 고흐

빈센트 반 고흐Vincent van Gogh(1853~1890)의 성격은 일생에 걸쳐 극심한 기분 변화, 장기적인 우울증과 흥분, 자극에 대한 조증이 교차해 온 것으로 잘 알려져 있습니다. 그는 말년에 조울증이 심해졌을 때 정신병원에 입원하기도 했는데, 광증 상태에서 자신의 왼쪽 귀를 잘라 동네 창녀에게 보내기도 했습니다. 그의 사망진단서에는 사인으로 간질이라 적혀 있지만, 그는 권총 자살로 자신의 삶을 마감했습니다. 그의 마음의 상처인 트라우마는 수많은 걸작의 자양분이 되어 돌아왔습니다.

특히 그는 여러 장의 자화상을 그렸는데요, 모델을 구할 돈이 없었기 때문에 거울에 비친 자기 자신의 모습을 자세히 관찰해서 그린 것이라고 합니다. 1889년 9월에 생레미에서 그린 말년의 이 작품에서는 왼쪽 귀가 멀쩡해 보이지만, 고흐는 거울을 보고 그렸기 때문에 실제 멀쩡해 보이는 쪽은 오른쪽 귀입니다. 이 그림은 고흐가 동생 테오에게 준 마지막 자화상이라고 전해집니다.

트라우마 치유는 인권의 회복

욕구 5단계 이론으로 유명한 에이브러햄 매슬로Abraham Maslow(1908~1970)는 자아실현 단계를 중점적으로 논의하면서 보다 낮은 차원이 충족되어야 높은 차원의 욕구가 채워진다고 보았습니다. 다시 말해 가장 낮은 단계인 식욕과 수면욕 등의 생리적 욕구가 채워져야만 신체적, 정신적 안정감을 뜻하는 안전 욕구를 찾게 된다는 것입니다. 트라우마의 치유 또한 이런 기본 욕구가 충족되지 않은 상태

매슬로의 욕구 5단계

자아실현의 욕구 (self-actualization)	자신의 잠재력을 최대한 개발하고자 하는 욕구
존경 욕구 (esteem)	자존감, 성취감 및 지위, 인정, 관심 같은 외부적인 존경 욕구
사랑, 소속 욕구 (love & belonging)	다른 사람에게 사랑받고 싶은 욕구, 소속되기 바라는 욕구
안전 욕구 (safety)	안전과 안정의 욕구, 위험으로부터 벗어나려는 욕구
생리적 욕구 (physiological)	먹을 것, 마실 것, 쉴 곳, 성적 만족 등 가장 기본적인 욕구

에서는 이루어지지 않습니다. 그런 점에서 트라우마 치유는 인권을 회복하는 것에 다름 아닙니다.

트라우마 치유가 잘 되기 위해서는, 베트남 전쟁의 참전군인 들처럼 생존자가 스스로 역량을 강화하고 타인들과 관계를 회복하려고 노력하는 것이 필요합니다. 회복을 위해서 생존자는 자신의 역량을 강화해야 합니다. 결국 치유는 생존자가 스스로의 힘으로 해내야 합니다. 남이 결코 대신 해주지는 못합니다.

생존자가 스스로 힘을 기를 수 있게 하기 위해서는 주변인들이 생존자를 지지하고 애정을 주며 보살펴 주어야 합니다. 우리는 생존자를 이해하고 그들이 스스로 삶을 통제하도록 도와주는 사람들입니다. 고립되어 혼자인 경우 회복은 어려울 수 있습니다. 우리는 생존자의 조력자입니다. 생존자가 통제력을 가지고 자발적으로 회복할 수 있도록 도와주어야 합니다.

치료자의 역할

트라우마 피해자를 치료하는 사람을 치료자라고 부릅니다. 치료자는 어떤 사람이어야 할까요?

먼저 치료자는 전문성을 지닌 동시에 신뢰적 관계성을 가지고 있어야 합니다. 그리고 환자가 외부로 나갈 힘을 가질 수 있도록 진심으로 도울 수 있어야 합니다. 치료자는 환자를 정서적으로 이해하고 환자와 자신을 동일시하면서 공감적이어야 합니다. 치료자와 환자 둘다 노력하고 인내해야 치료 동맹 관계를 맺을 수 있습니다.

치료자도 환자의 트라우마를 들으면서 개인적으로 어려웠던 일들이 기억나면서 개인적인 심상이 침투하는 역전이를 경험할 수 있습니다. 경험 많은 치료자도 외상을 경험한 환자를 만나면서 무력감, 우울감을 느끼게 되기도 합니다. 치료자는 전문가로서의 삶과 개인적인 삶이 균형을 이루고 있는지 항상 주의하고, 자신의 욕구를 존중하고 자신의 내면의 소리에 민감해야 합니다. 치료자는 착하고 헌신적이어야 한다는 마음의 압력이 있겠지만, 현실의 한계를 인정하고 환자를 돌보듯이 일상에서 치료자 스스로를 잘 돌보는 것도 매우 중요합니다.

트라우마 회복의 3단계

트라우마 연구의 대가인 주디스 루이스 허먼Judith Lewis Herman(1942~)은 다음의 트라우마의 3단계 회복 과정을 통해 트라우마를 극복하고 공동체에 통합될 수 있다고 보았습니다.

1단계 : 안전을 확보하고 인식하는 단계

2단계 : 외상을 애도하고 자신의 삶으로 통합시키는 단계

3단계 : 파괴된 인간관계를 다시 회복하고 공동체와 연결되
는 단계

첫 번째, 안전 확보 단계

첫 번째 단계는 안전을 확보하고 이를 인식하는 단계입니다. 장소뿐 아니라 환자 자신의 내면의 안전이 단단하게 확보되지 않는 경우 치료 작업이 성공하기 어려울 수 있습니다. 따라서 충분히 안전해지기를 기다린 후 치료를 시작해야 합니다.

두 번째, 기억하고 애도하는 단계

이 단계는 정해진 기간이 없습니다. 외상을 재구성하기 위해서는 차가운 과거의 시간 속으로 침잠하면서 끝없는 눈물로 밤을 지새우기도 합니다. 환자는 이런 고통이 언제쯤 끝날지 묻지만 정해진 기간은 없습니다. 이 과정을 건너뛰거나 서둘러 끝낼 수는 없지만, 이 과정이 느리다고 해서 영영 지속되지는 않습니다. 반드시 이 과정을 거쳐야만 세 번째 단계로 넘어갈 수 있습니다.

이 시간이 끝나면 사건에 대한 이야기를 하면서도 예전만큼 강렬한 감정이 올라오지 않는 순간이 찾아왔음을 인식하게 됩니다. 이제 외상은 생존자에게 단지 경험의 일부가 되었을 뿐입니다. 다른 모든 기억 중 하나의 기억이고, 다른 모든 기억이 그러하듯이 희미해지기 시작합니다. 슬퍼하며 탄식하는 비통함도 생생함을 잃어갑니다. 생의

이야기 가운데 어쩌면 이 트라우마는 그리 중요하지도 않고 그리 특별하지도 않은 사건 중 하나일지도 모른다는 생각이 들기도 합니다.

2단계에서는 점점 일상으로 되돌아가는 자기 자신을 발견하게 됩니다. 외상 사건을 잊어버리고 기억하지 못하는 것은 아닐까 걱정하지 않아도 됩니다. 잊어버리는 경우는 거의 없습니다. 그러나 외상은 더 이상 내 인생의 중심이 되지 못하고, 외상은 절대 완전하게 재구성되지 않습니다. 인생의 새로운 단계마다 발생하는 새로운 갈등과 도전이 새로운 희망이 일깨워 줄 것입니다. 환자는 자신의 역사를 재생하고 인생을 살아가는 데 새로운 희망과 힘을 느끼게 됩니다.

두 번째 단계가 달성되면, 이제 외상 경험은 진정한 과거가 됩니다. 이 시점에서 생존자는 현재의 삶을 일으켜 세우고, 미래의 열망을 추구한 과제와 마주하게 됩니다. 두 번째 단계에 있는 환자는 깊이 있고 완전하고 구체적인 외상 이야기를 말하게 됩니다. 이러한 재구성 작업은 외상 기억을 전환시켜 이를 삶의 이야기에 통합시킵니다.

외상의 전후에 대해 트라우마 피해자는 격려받고 다 이야기할 수 있습니다. 때로 생존자는 애도하는 것을 거부하기도 하는데 이것은 두려움뿐만 아니라 자존심 때문이기도 합니다. 의식적으로 슬퍼하지 않으려고도 합니다. 이러한 경우 치료자는 애도는 용기 있는 행동이고 스스로를 모욕하는 것이 아니라고 알려 주어야 합니다. 상실했던 모든 것을 애도하면서 트라우마 피해자는 파괴되지 않은 채 살아남은 내면의 삶을 찾아낼 수 있을 것입니다.

두 번째 회복 단계에서 많이 정체되는데 이것은 생존자가 자존심 때문에 애도에 저항하기 때문입니다. 때로는 복수가 평온을 줄 것이라 생각하는 사람들이 있지만 복수 환상을 반복적으로 하게 되면 외상을 경험한 이들의 고통은 사실상 더욱 증폭됩니다.

애도 과정에서 생존자가 가해자에게 똑같이 복수로 갚아 줄 수 없다는 사실을 인식해야 할 것입니다. 안전한 환경에서 분노를 풀어낼 수 있다면 분노는 점차 가장 강력하고 만족스러운 형태의 올바른 분노로 전환될 것입니다. 이러한 바른 분노로의 전환을 통해 복수 환상에서 해방되며 생존자는 자신에게 힘이 있다는 느낌을 회복하는 방법을 알게 됩니다. 복수 환상을 포기한다고 해서 정의에 실패하는 것이 아니라 생존자는 다른 이들과 함께 가해자가 범죄에 책임질 수 있도록 추동할 수 있습니다.

세 번째, 공동체와 다시 연결되기

세 번째 단계는 일상과 다시 연결되어 가는 것입니다. 이때 외상으로 인한 성격이 형성되었던 첫 번째 회복 단계에서 발생했던 문제들이 세 번째 단계에서 다시 찾아올 수 있다는 것을 인지하면 좋습니다. 이 시기 생존자는 신체적 건강, 주변 환경, 경제적 여건, 그리고 대인관계에 집중해야 합니다.

첫 번째가 기본적인 안전을 준비하는 단계였다면, 세 번째는 적극적으로 세상에 참여할 준비를 하는 단계입니다. 이제 과감히 전진하고, 자신의 뜻을 확립할 수 있습니다. 힘을 회복하고 다른 사람과 관계가 연결되는 것은 세 번째 단계의 회복에서 중요합니다.

힘과 통제력을 증진하고, 앞으로 일어날지 모르는 위험으로부터 자신을 보호한 생존자는 계획적이고 조직적인 방식으로 의식적으로 행동하며, 규율이 정해져 있고, 잘 통제된 훈련을 통해서 두려움과 맞서는 경험을 하는데, 이는 세 번째 회복 단계에 서 있는 생존자들에게 매우 중요한 경험입니다.

자신과 싸우기로 결심한 사람은 신체적인 반응과 정서적인 반응을 통제할 수 있는 능력을 가지고, 자기 안의 힘을 다시 긍정할 수 있게 됩니다. 내적인 두려움과 갈등을 극복하고 외적인 상황도 극복해야 한다는 것을 알게 됩니다.

세 번째 단계의 핵심은 현재 내가 살아 있음을 알고, 내 삶의 주체는 바로 나라는 것을 아는 것입니다. 이 진술은 세 번째 마지막 회복 단계를 상징합니다. 생존자는 더 이상 과거의 외상에 종속되어 있다고 생각하지 않습니다.

사회적인 활동은 다양한 형태를 띨 수 있습니다. 자기와 똑같은 피해를 경험한 사람들을 돕기 위해 힘을 모을 수도 있습니다. 외상은 되돌릴 수 없는 일입니다. 보상이나 복수라는 것이 이 아픈 외상을 완전히 충족시킬 수는 없습니다. 트라우마 피해자는 가해자에게 범죄의 책임을 묻는 것이 개인적 안녕뿐만 아니라 우리 사회를 건강하게 만드는 중요한 일임을 깨닫게 됩니다.

피해자는 가해자가 진실을 가장 두려워한다는 것을 알고 있습니다. 회복은 단순히 악을 이겨냈다는 착각을 기반으로 하지 않습니다. 회복은 악이 전적으로 승리할 수 없으며, 회복을 가능케 하는 사랑이 여전히 세상 속에 존재한다는 희망에 기반합니다.

집단치료

전쟁, 정치적 박해, 성폭력, 가정폭력, 아동학대 등 큰 트라우마를 겪은 사람들은 유사한 시련을 견뎌 온 다른 사람이 존재한다는 사실만으로도 큰 위안을 받았다고 재차 이야기합니다. 자신이 혼자가 아니라 함께라는 사실이 트라우마를 극복할 수 있다는 희망을 준다고 말합니다.

"전쟁에서 돌아온 이후로 아는 사람은 많았지만 내게는 단 한 명의 친구도 없었습니다."
"태어나서 처음으로 나는 집단에 속하게 되었습니다. 나를 있는 그대로 받아 주었습니다."

생존자들은 집단에서 따뜻함과 소속감을 느끼고, 집단 구성원으로부터 자신의 가치를 인정받고 수용받게 되어 감사와 기쁨을 느낀다고 합니다. 처음에는 개인상담, 가족상담으로 시작해서 집단상담으로 가는 것이 좋습니다. 그 기간은 6개월에서 1년이 걸리기도 합니다. 집단 치료 프로그램은 외상에 관한 것보다 교육 중심으로 증상 완화, 문제 해결, 자기 보호라는 과제에 초점을 두는 것이 좋습니다.

치료자는 집단 과제를 정의하고, 모든 집단 구성원이 안전하게 보호받을 수 있도록 책임감을 가지고 있어야 합니다. 치료자는 구성원에 대해 권위가 있어야 합니다. 그들의 증인이 되기도 하기 때문입니다. 집단은 융통성 있고 개방되어 있지만 집단 규율은 엄격하게 지켜야 합니다.

치료자는 외상치료집단을 선별할 때 특별히 주의를 기울여야 합니다. 집중된 드러내기 작업에 참여할 준비가 되어 있지 않은 구성원을 포함시킨다면 집단 전체가 혼란스러울 뿐만 아니라, 그렇지 않은 개인에게도 치료가 이루어지지 않을 수 있기 때문입니다. 그래서 참여자를 선별하지 않은 집단에서는 트라우마의 주제를 드러내는 작업을 조심스럽게 진행해야 합니다.

집단 구성원의 이야기를 재구성해 들려주면, 각자에게 늘 새로운 회상을 일깨워 줍니다. 집단치료가 끝날 때는 내가 누구이고 어떤 상황이 오더라도 스스로를 존중할 것이라는 작별 인사를 서로 나누고 종결하면 됩니다. 생존자는 개인의 영적, 육체적, 정신적 건강을 회복하고, 복수가 아닌 '정의 사회'를 추구하는 것으로 사회의 건강을 회복시킬 수 있습니다.

"When life give you lemons, Make lemonade."
(삶이 당신에게 레몬을 주면, 레모네이드를 만들어라.)

이 말은 삶에서 일어나는 부정적인 문제를 긍정적인 상태로 극복하라는 의미를 담고 있습니다. 우리의 삶에서 예기치 않게 일어난 나쁜 상황에서라도 최선을 다하는 자세를 가진다면 회복탄력성을 갖게 되고, 치유자의 삶을 살 수 있게 됩니다.

사람들이 자신이 겪은 일에 의미를 찾을 때 치유는 급속도로 이루어집니다. 사람들은 간단한 일상에서부터 대형 참사를 겪은 사람들까지 다양한 트라우마를 누구나 가지고 있습니다. 상처 입은 치유자Wounded Healer라는 용어가 있습니다. 치유자 중 최고의 치유자는 상처를 입은 경험이 있는 사람이라는 뜻입니다. 자기가 치유를 받았던 경험을 통해 최고의 치유자가 된다는 뜻입니다.

저는 우리 모두가 상처받은 치유자라고 생각합니다. 살면서 나도 모르게 상처를 주고, 때론 상처를 받아서 아파하기도 합니다. 이런 상처를 한 번도 경험하지 못하고 아파하지 않은 사람은 없을 것이라 생각합니다. 우리 주변에 트라우마나 상처가 전혀 없는 사람들처럼 보이는 이들이 있지만, 드러내지 않았을 뿐 그들 또한 아픔을 스스로 애도하고 아파하며 치유 과정에 있을 수도 있습니다.

"Not all wounds are visible."
(모든 상처가 눈에 보이는 것은 아니다.)

우리는 우리의 아픔을 건강하게 잘 극복했을 때 진심으로 다른 사람을 이해하고 도움을 주고 싶은 마음이 들게 됩니다. 현재 나보다 더 어려운 그들을 내가 어려웠던 때를 기억하며 돕고 싶어지는 것입니다. 결국 그 일은 나 자신을 돕는 일이기도 합니다.

링컨, 오프라 윈프리, 넬슨 만델라같이 사회의 변화를 이끄는 인물들은 대부분 개인적인 경험을 통해 트라우마를 알게 될 기회가 있었습니다. 이들 모두가 고난을 이겨내는 과정에서 트라우마를 극복한 후 그 산물인 통찰과 열정이 생겨났다는 이야기는 널리 알려져 있습니다.

역사적으로 큰 트라우마를 겪은 것을 계기로 좋은 결과물을 얻은 경우도 많습니다. 미국에서는 남북전쟁 이후 노예제도가 폐지되었고, 대공황 이후 사회보장제도가 신설되었으며, 제2차 세계대전 후에는 퇴역군인에게 교육, 주택, 보험, 의료 및 직업훈련의 기회를 제공하는 '제대군인원호법'이 만들어졌습니다. 이처럼 부정적인 일을 긍정적인 일로 극복한 사례는 우리 주변에 얼마든지 있습니다.

치유 결과는 어떻게 알 수 있을까

트라우마는 눈에 보이지 않는 외상이기 때문에 치유가 되었는지 아닌지 쉽게 알 수 없습니다. 그럼에도 트라우마가 치유되었거나 치유되고 있음을 알 수 있는 몇 가지 방법이 있습니다. 저는 환자들에게 치료 프로그램을 진행한 후 수면에 대해 제일 먼저 물어봅니다. 악몽을 꾸지 않고 충분한 수면을 취하고 있다고 말한다면 트라우마 치유가 잘 되어가고 있구나 하고 안심하게 됩니다. 트라우마의 치유 결과를 가장 쉽게 알 수 있는 또 다른 객관적 지표로는 일상생활으로의 복귀를 들 수 있습니다. 직장이나 학교로 복귀하는 것, 정상적인 식습관을 회복하는 것 등의 활동을 통해 트라우마의 치유 결과를 확인할 수 있습니다.

하지만 일부 트라우마 생존자와 피해자들 중에는 트라우마가 빨리 순조롭게 치유되었다고 생각했다가 다시 좌절하는 경우도 있습니다. 트라우마가 다 치유되지 않은 사람이 또 다른 트라우마나 과거 비슷한 사건을 경험하게 될 수도 있는데, 이는 아물지 않은 상처에 소금물이나 식초를 붓는 것과 다르지 않습니다.

트라우마 치유 평가 방법 중 가장 좋은 하나는, 아주 좋은 일과 아주 나쁘고 속상한 일이 생겼을 때 정상으로 돌아오는 데 걸리는 시간을 생각해 보는 것입니다. 물론 개인의 기질이나 성격상 차이는 있지만, 한 번 트라우마를 입은 신경체계는 다시 정상화하는 데 오랜 시간이 걸립니다. 하지만 트라우마 치유 프로그램을 활용하면 기분 나쁘고 속상한 일에서 빨리 벗어나 일상의 균형감을 찾는 데 걸리는 시간의 간격이 짧아집니다.

트라우마 치유와 회복탄력성

사실 트라우마 치유는 스트레스를 잘 다스려서 일상으로 빠르게 복귀하게 하는 것에 다름 아닙니다. 우리는 화가 나고 분노가 생길 때 우리에게 외적으로 보이는 것 외에 그 이상의 것이 있다는 것을 알아야 합니다. 그리고 이제 얼마나 화를 잘 다루고 분노 등 해로운 감정들로부터 벗어나 균형 있는 내적 평안을 위해 탄력적으로 복귀할 수 있는가에 집중해야 합니다.

심리학에서는 이를 '회복탄력성resilience'이라 부릅니다. 회복탄력성은 실패하거나 좌절했을 때 스트레스를 이겨내고 원래 제자리로 돌아오는 힘을 일컫는 말로, 심리학에서는 주로 시련이나 고난을 이겨내는 긍정적인 힘을 의미하는 말로 쓰입니다.

사람의 표정에는 감정이 드러나 있습니다. 심리학자 폴 에크먼Paul Ekman(1934~)은 인간의 미소 중에서 긍정적인 정서가 반영된 환한 웃음을 '뒤센 미소Duchenne smile'라 이름 붙였습니다. 뒤센은 광대뼈 근처와 눈꼬리 근처의 얼굴 표정을 결정짓는 근육을 발견해낸 학자로, 에크먼은 환한 미소를 지었던 '뒤센 미소' 집단이 '인위적 미소'를 지은 집단에 비해 병원에 간 횟수도 적었고 생존율도 높다는 연구 결과를 발표했습니다. 이들은 결혼 생활 만족도도 높았고 이혼율도 낮았고, 평균 소득도 높았다는 것입니다. 실험에 의하면 뒤센 미소를 지었던 여성들이 훗날 더 좋은 삶을 살고 있음이 밝혀졌습니다. 뒤센 미소를 짓는 사람들의 뇌는 긍정적 정서를 타고난 것인데, 이 긍정적 정서는 회복탄력성의 원천이라 할 수 있습니다. 이는 타고난 것이기도 하지만 후천적인 노력을 통해서도 얻을 수 있습니다.

회복탄력성을 높이기 위한 여러 방법

회복탄력성을 지니기 위해서는 자기조절 능력과 대인관계 능력이 필요합니다. 자기조절 능력은 어려운 상황이 닥쳤을 때 자기 스스로 부정적 감정을 통제하여 긍정적 감정과 건강한 도전의식을 가지고(감정조절), 감정에 휩쓸리는 충동 반응을 억제하고(충동 통제력), 자기 자신이 처한 상황을 객관적이고 정확히 파악하여 대처 방안을 찾아낼 수 있는(원인 분석) 능력입니다. 감정조절 능력은 스트레스 상황에서도 부정적인 감정을 억누르는 것만을 의미하는 것이 아니라 평온함을 유지할 수 있는 능력입니다. 필요할 때 긍정적 감정을 불러일으킬 수 있는 것을 의미합니다. 충동 통제력은 단순히 인내력과 참을성과는 다르며, 스스로 동기를 부여하고 조절할 수 있는 능력을 말합니다. 원인 분석력은 자신에게 닥친 상황을 긍정적이고 객관적이고 정확하게 스토리텔링을 할 수 있는 능력입니다.

그럼 회복탄력성을 높이기 위해서는 어떤 훈련이 필요할까요? 큰일이나 발표를 앞두었을 경우에는 잘 보이려는 욕심을 낮추고, 잘 보일 수 있다는 자신감을 키울 필요가 있습니다. 큰일에 앞서 욕심을 버리고 마음을 비워야 합니다. 자신의 모습을 있는 그대로 보여주어도 충분하다는 자신감을 지녀야 합니다. 안심하고 당당하게 표현하도록 하는 것이 좋습니다. 어느 정도의 회복탄력성을 가지고 있느냐는 것은 성공과 실패를 좌우할 수 있다고 해도 과언이 아닙니다. 회복탄력성이 높은 사람들은 자신의 실수에 대해 보다 민감하게 반응합니다. 이것은 의식적인 상태가 아니라 무의식적인 상태에서 그렇습니다. 회복탄력성이 높은 사람들은 자신의 실수를 보다 잘 인식한다고 합니다.

회복탄력성이 높은 사람은 사회성이 좋습니다. 이런 사람들은 자신에게 위기가 닥쳤을 때 주위 사람들로부터 많은 도움을 받을 수 있습니다. 그냥 운이 좋아서가 아니라 평소에도 대인관계를 잘 유지해왔기 때문에 어려울 때 자신을 도와줄 사람을 여럿 확보하고 있다고 보면 좋을 것입니다. 미국의 심리학자 대니얼 골먼^{Daniel Goleman}(1946~)은 이를 사교적 지능이라고 말했습니다. 사교적 지능이 높은 사람은 다른 사람의 마음과 감정 상태를 빨리 파악하고, 깊이 이해하고, 공감하므로 좋은 인간관계를 맺을 수 있는 것입니다. 만약 공감 능력이 낮은 사람이라면 차분히 기도를 하거나 명상 시간을 갖거나 생각을 해보는 것이 좋습니다. 공감 능력은 회복탄력성과 다른 사람의 트라우마를 이해하는 측면에서 매우 중요합니다.

육체적인 회복탄력성도 중요합니다. 몸을 움직이면 뇌가 건강해집니다. 운동은 우울증, 불안증 등을 극복하는 데 최고입니다. 또한 운동은 혈액 순환을 향상시킴으로써 스트레스를 감소시키기 때문에 정신 건강을 유지하는 데에도 중요합니다. 운동을 하고 몸을 움직이는 것은 정신적인 회복탄력성을 높입니다. 운동을 통해 우울증, 부정적인 감정들을 이겨낼 수 있습니다.

행복은 성공의 결과보다는 '성공에 이르는 길'이라 할 수 있습니다. 성공한 사람이 행복하기보다는 행복한 사람이 성공한다고 말할 수 있습니다. 트라우마를 극복한 사람이 행복해진다기보다는 행복해져야 회복탄력성이 높아진다고 볼 수 있습니다.

트라우마 최고의 치유자는 바로 나

회복탄력성을 위해 자기 자신을 긍정적으로 바라보는 자세가 필요합니다. 진정한 행복은 자신의 강점을 발견하고 그것을 마음껏 발휘하며 사는 것입니다. 회복탄력성은 행복을 뇌에 새기는 연습이 필요합니다. 배움에는 명시적 지식과 암묵적 지식이 있습니다. 명시적 지식은 머리로 배우는 것이고, 암묵적 지식은 몸으로 익히는 것입니다. 암묵적 지식은 계속해서 반복 학습을 통해 습관이 되게 만드는 것입니다. 이것은 이미 뇌에 각인된다는 것입니다.

자신을 불행하게 만든 사건, 사람으로 인한 사건에 대한 해석은 '나'의 해석에 따라 달라집니다. 긍정심리학의 창시자 마틴 셀리그만Martin Seligman(1942~)은 어떤 불행한 상황에 대해 어떻게 해석하느냐에 따라 불행해지기도 하고 행복해지기도 한다고 합니다. 따라서 분노는 회복탄력성의 가장 큰 방해거리라 하겠습니다.

사실 트라우마 최고의 치유자는 그 누구도 아닌 바로 '나' 자신입니다. 나에게 가장 좋고 좋지 않은 것을 아는 사람도 바로 '나'라는 것을 기억하시기 바랍니다.

상처를 받을 것인지 말 것인지 내가 결정한다. 또 상처를 키울 것인지 말 것인지도 내가 결정한다. 그 사람 행동은 어쩔 수 없지만 반응은 언제나 내 몫이다.

백범 김구의 '인생론'에 담긴 이 말씀은 진리입니다.

사회적 트라우마의 근본적 치유를 위해 필요한 것들

거대한 사회적 트라우마 앞에 피해자는 크게 세 가지 영역의 상처를 가지게 됩니다. 신체적 상처, 심리적 상처, 그리고 관계적 상처인데, 각각 치유의 양상이 다릅니다.

신체적 상처는 의료적으로 잘 치료하면 일정 시간이 지나 아물게 됩니다. 영구적 장애, 후유증이 남는 경우도 있지만 시간이 지나면 일상에 적응할 수 있습니다. 이 과정에서 피해자는 가해자와 만남을 필요로 하지 않습니다.

심리적 상처는 긴 세월의 치유 시간이 필요하고 때로는 평생 지속됩니다. 심리적 상처 치료를 위해서는 치료 전문가나 지지자가 필요합니다. 그러나 세월이 약이라는 말처럼, 시간이 흐르면서 많은 사람들은 어떠한 형태로든 점차 적응하게 됩니다. 초기에는 심리적 상처에 대한 생각이 삶의 중심에 있지만, 점차 과거 트라우마 사건에 대한 감정이 줄어들면서 상처에 대한 생각과 느낌도 삶의 주변부로 옮겨 갑니다. 그 과정에서 가해자와 화해를 하면 좋지만 필수적인 것은 아닙니다.

관계적 상처는 전혀 다른 성격을 가집니다. 피해자는 신체적,

심리적 상처뿐만 아니라 가해자와의 관계에서도 상처를 받습니다. 이 관계적 상처는 피해자 혼자 치유할 수 없습니다. 반드시 가해자와 피해자가 다시 만나 관계를 복원할 때만 상처를 치유할 수 있습니다. 그렇지 못하면 관계적 상처는 평생 지속됩니다.

화해를 위해 필요한 용서

이청준의 〈벌레 이야기〉와 이를 영화한 이창동 감독의 영화 〈밀양〉은 신의 용서에 대한 잘못된 개념을 알게 해줍니다.

일암이 엄마는 외동아들이 유괴당하고 결국 살해되어 몸부림을 치며 괴로워합니다. 살인범에게 사형이 선고됩니다. 그사이 기독교인이 된 일암이 엄마는 살인범을 용서하기 위해 어렵게 감옥을 찾아갑니다. 그런데 살인범도 신을 영접했으며 자신의 죄를 다 용서받았다고 말합니다. 오히려 일암이 엄마를 위로하고 어떤 비난도 달게 받겠다고 합니다. 일암이 엄마는 하느님께 용서할 권리가 누구에게 있느냐고 묻고 절규합니다. 살인범은 장기 증여를 통해 여러 사람을 구하고 성자적 이미지로 죽습니다. 결국 일암이 엄마는 자살을 합니다.

가해자는 쉽게 용서해 달라는 말을 꺼냅니다. 용서는 힘든 것이고, 용서는 피해자 측에 권리가 있습니다. 용서는 강요받을 수도 없고, 강요할 수도 없는 것입니다. 종교 지도자들이 교리를 근거로 아직 준비되지 않은 피해자들에게 용서를 권유할 수도 있습니다. 이 경우에 피해자들은 자신이 가해자를 용서하지 못한다는 이유로 더 큰 죄의식을 가지기도 합니다.

피해자들은 많은 경우 자기 행동을 후회하고 혼란, 깊은 우울감에 빠집니다. 그러나 이러한 일들은 모두 '값싼 용서'를 강요하는 제2의 트라우마 유발 사건들입니다.

용서는 한 인간이 긴 시간에 걸친 깊은 성찰 끝에 최종적으로 결단하여 행하는 숭고하고 초월적인 행위입니다. 이런 용서를 다른 목적으로 조급하게 요구하거나 함부로 유도하는 일은 없어야 합니다. 어렵고 힘든 용서는 지극히 고귀한 것이다 보니 소중한 이의 생명을 빼앗은 폭력에 대한 용서는 생명만큼이나 값비싼 것입니다. 용서는 피해자만이 할 수 있고, 피해자만이 사과를 요구할 수도 있고, 피해자만이 용서와 화해를 거부할 수 있습니다.

사람들은 '용서'가 마음만 먹으면 누구나 할 수 있는 일이라고 생각합니다. 가령 누군가가 자신에게 용서를 구했다면 자신의 의지에 따라 마음을 잘 다스리고 용서를 하면 될 일이라고 생각합니다. 그러나 용서는 강요한다고 해서 될 문제가 아닙니다. 큰 사건을 겪지 않았더라도 우리는 용서가 깊은 내면의 소리임을 알아야 합니다.

용서는 결코 간단히 이루어질 수 없는 일입니다. 결국 진정한 용서란 상처와 맞서 싸우는 치유의 여정이고, 내면의 변화를 통해 치유의 힘이 발휘되는 과정임을 잘 보여줍니다.

화해를 위해서는 '정의와 용서'가 명백하게 필요합니다. 즉 '정의'와 '화해'의 결합을 통한 치유와 회복을 말하는 것입니다. 이는 곧 '개인적 치유'와 '사회적 치유'가 결합된 '통합적 치유'를 말합니다. '개인적' 용서와 '사회적' 정의의 결합에 진정한 치유와 화해의 길이 있습니다.

정치 신학자 미로슬라브 볼프[Miroslav Volf(1956~)]는 '값싼 화해'

는 위험하다고 말했습니다. 남아프리카공화국 카이로스 문서에 "값싼 화해는 불의가 제거되지 않은 화해이며 정의와 함께하지 않는 화해"라고 했습니다. 따라서 정의 없는 화해는 불가능합니다. 진실 규명, 책임자 처벌, 사과와 위로, 재발방지책 구축, 위령과 기념사업, 트라우마 치료, 배상 및 보상, 화해 교육 등 여덟 가지 요소가 잘 배열되고 어우러질 때 마침내 통합 치유가 가능합니다.

용서와 화해란 단어는 늘 정치적으로 악용될 위험이 있습니다. 많은 경우 사회는 가해자의 악한 '행동'에 초점을 맞춥니다. 가해자뿐 아니라 피해자도 '인간'이라는 것에 초점을 맞추지 않고 '사건과 범죄'에만 관심을 가집니다. '눈에는 눈, 이에는 이'로 해를 입힌 만큼 돌려주는 복수가 반복된다면 세상 사람들은 모두 맹인이 되거나 치아 없이 살아야 할지도 모릅니다. 복수는 새로운 희생자를 만들어내고, 희생자는 다시 가해자가 되는 악순환을 맞게 됩니다. 그러면서 가해자도 피해자도 처벌의 과정 속에서 회복되거나 더 높은 단계로 올라갈 기회를 가지지 못합니다.

화해는 용서를 한 다음에 자신이 용서한 사람과 사회와 함께 살아가는 결단을 하는 것입니다. 그것은 이미 벌어진 과거의 비극을 스스로 인정하며 받아들이고, 화해를 통해 달라진 관계 속에서 다시 새롭게 살아갈 방향과 힘을 갖추는 것입니다.

비폭력 사상으로 유명한 미국의 마틴 루터 킹 주니어^{Martin Luther King Jr.}(1929~1968) 목사는 "너무 오래 지연된 정의는 거부된 정의"라는 유명한 말을 남겼습니다. 죽은 뒤의 정의는 정의가 아니다라는 것이죠. 사람들은 용서가 '망각'을 의미한다고 생각합니다. 망각은 과거의 아프고 힘든 일들을 다 잊고 마치 그런 일이 없었다는 듯이 사는 것이라고 생각합니다. 그러나 용서는 망각이 아닙니다. 과거에 일어난 일을 철저히 기억해야 가능한 것이 용서입니다. 기억을 해야 자신이 무엇을 용서하는지 알 수 있기 때문입니다. 따라서 큰 정신적 충격에 의해 피해자에게 기억이 상실되었거나 치매 상태가 되면 진정한 용서는 불가능해진다고 생각합니다.

사회적 치유의 전제 조건들

사회적 치유가 이루어지기 위해서는 가장 먼저 무엇이 필요할까요? 저는 먼저 가해자와 피해자의 복합성을 인정하는 것이 필요하다고 봅니다. 개인적, 사회적 상황 등으로 인해 피해자가 가해자가 되기도 하고, 가해자가 또 다른 피해자가 되는 상황들이 있을 수 있습니다. 이러한 복합성을 이해하는 것이 필요합니다.

그리고 방관자들은 자신들의 책임을 인정해야 합니다. 사실을 인식하지만 자신의 불이익을 위해서 무관심으로 방관하면 피해자뿐 아니라 사회적 트라우마의 고통은 더욱 심해질 것입니다.

이어서, 행동하는 용감한 소수의 역할과 가치를 인식해야 합니다. 그뿐 아니라 이들에게 상황에 맞는 다양한 지지를 보내주어야 할 것입니다.

한국 사회의 트라우마는 어떻게 치유해 나가야 할까

일제강점기와 해방 전후, 6·25전쟁(한국전쟁)과 그 이후의 냉전적 대립 등 큰 혼란의 역사 속에서 한국인들은 이루 말할 수 없는 갈등과 상처를 국가와 민족, 사회, 그리고 가족 안에서도 겪어야만 했습니다. 그 밖에 제주 4·3, 광주 5·18 등을 겪은 세대가 후손들에게 역사적인 사실들을 다 말하고 알려 주지 못한 채 차례로 수명을 다하고 있습니다. 그러나 우리 사회의 상처는 그렇게 사라지지 않을 뿐만 아니라, 제대로 치료되지 않은 상처들은 점점 우리 사회를 병들게 하고 있습니다.

남과 북이 끝없는 증오와 대치, 사회 갈등을 겪고 있는 한반도 역시 세계의 많은 갈등 지역과 마찬가지로 근본적인 치유를 필요로 합니다. 우리 사회의 그 깊은 상처는 반드시 치유되어야 합니다. OECD 국가 중 최고의 자살률을 보이는 것이 이러한 이유와 전혀 무관하지 않을 것입니다.

그렇다면 한국 사회의 트라우마 치유를 위해서는 어떻게 해야 할까요? 저는 먼저 사회 구성원들이 악으로 악을 이기는 식의 복수를 목표로 하지 않아야 한다고 봅니다. 다시 말해 복수의 악순환을 끊는 것이 필요합니다. 두 번째로는 트라우마 생존자와 피해자들, 그리고 다음 세대를 위해 사회 구성원들에게 정의와 평화 교육을 의무적으로 실시해야 한다고 생각합니다. 세 번째는 우리 사회가 함께 사회적 트라우마 치유를 위해 노력하는 모습을 보여주어야 합니다. 다시는 같은 비극을 겪지 않도록 하는 것이 희생자들에게 가장 큰 보상이 될 수 있을 것입니다. 마지막으로 개인적·사회적 용서와 화해는 어렵고 힘든 일이지만 끝까지 포기하지 말아야 합니다.

2부

한국 사회의
트라우마

1

한국 사회의 문화적 특징

동서양의 문화 차이

문화는 인간행동의 산물인 동시에 인간행동에 영향을 미칩니다. 이러한 문화의 영향에 대한 탐구는 오늘날 심리학자들이 직면하고 있는 가장 중요하고 절박한 문제로 제기되고 있습니다. 특히 적응 문제를 다루는 상담·심리·치료 분야에서는 한 개인이 자신의 문제를 개념화하고, 그 문제를 해결하는 방식을 돕기 위해 그 사람이 속한 사회의 문화를 필히 이해해야 합니다.

동양과 서양의 문화는 인간관에서부터 큰 차이가 있습니다. 동양은 인간을 사회적이고 상호의존적인 존재로 봅니다. 타인에게 의존하고 남을 배려하고 양보합니다. 겸양과 조화의 추구가 근본적인 인간관으로서, 사회적 정체감social identity을 근간으로 합니다. 반면 서

동양과 서양의 비교문화 틀

동양	서양
사회생활 기본단위는 '집단'으로 자기 자신을 집단이나 조직의 한 부분으로 간주	사회생활 기본단위는 '개인'으로 독립적이고 자율적
나 < 집단	나 > 집단
화목, 인화, 의리, 겸손, 충성, 성실, 인내, 노력, 절제	자조, 자율, 독립, 공정, 자유, 창의, 성취, 개성, 도전

출처: Triandis, 1996; McCuster & Hui, 1990

양에서는 인간을 개별적이고 독립적인 존재로 봅니다. 적극적인 자기 주장과 개인 간의 경쟁, 공정한 교환을 중요시하며, 자기 고양을 강조하는 개인적 정체감^{personal identity}을 근간으로 합니다. 이로 인해 동양에서는 집단주의, 서양에서는 개인주의 문화가 자리 잡고 있습니다.

한국의 문화적 특성은 무엇인가

우리나라는 동양인으로서의 문화적 특성과 한국인의 고유한 문화적 특성을 지니고 있습니다. 유儒·불佛·선仙 사상에 영향을 받아온 만큼 기독교 문화에 뿌리를 두고 있는 서양 사회와는 여러 면에서 기준과 가치의 차이를 보입니다.

사회생활의 기본 단위로 '개인'을 우선하느냐 아니면 '집단'을 우선하느냐에 따라 개인주의 문화와 집단주의 문화로 분류할 수 있는데, 이 기준에 따르면 한국의 문화는 집단주의에 속합니다. 하지만 개인보다 집단을 우선시하는 전형적인 집단주의와는 조금 다른 속성을 갖고 있습니다. 즉, 한국 사람들은 내집단과 외집단에 대한 차별성을 갖고, 자신이 속해 있는 내집단을 중시하는 관계주의의 속성을 띱니다. 내집단에 대한 결속의 출발은 효孝에서 비롯합니다. 특히 효에 대한 강조로 인해 우리 사회에는 다른 나라와 크게 구별되는 몇 가지 현상이 생겨나게 되는데, 그것이 바로 내 부모를 위시한 가족을 우선순위에 두는 가족주의입니다.

이렇게 가족을 우선순위에 두면서 '나'보다는 '우리we-ness'라는 단어를 많이 사용하고, 개인의 독립성이나 자율성 또는 자기실현보다는 집안의 기대를 우선시하며, 타인과의 조화로운 관계 유지에서도 무엇보다 가족 간의 우애를 강조하게 되었습니다. 삶의 토대인 관계 성립의 기초가 되는 교류 또한 개인의 성향보다는 관계 속에서 개인의 역할에 의해 규정되며, 개인의 정체성은 자신이 형성하고 있는 관계망의 위치에 의해 정의되는 경향이 강합니다. 그렇기 때문에 혈연에 기초한 한국 사회의 기본 구성 단위는 개인이 아니라 가족집단이며, 가족집단은 국가를 포함한 다른 어떤 사회집단보다 우선시된다는 신념으로 정의됩니다.

1960년대 미국에서 개인이 일상의 생활 사건에서 경험하는 스트레스의 정도를 측정한 연구가 있었습니다. 이를 수치로 정리한 것을 사회 재적응 평가척도Social Readjustment Rating Scale, SRRS라고 하는데요, 1980년대에 한국에서도 이와 비슷한 연구가 있었습니다. 이를 비교해보면 각 문화권에서 가장 스트레스를 많이 받는 요인이 조금씩 다름을 볼 수 있습니다.

사회 재적응 평가척도 비교

한국			미국		
등위	일상 사건	스트레스 크기	등위	일상 사건	스트레스 크기
1	**자식 사망**	**74**	1	배우자 사망	100
2	배우자 사망	73	2	이혼	73
3	부모 사망	66	3	별거(부부)	65
4	이혼	63	4	형무소 복역	63
5	형제자매 사망	60	5	가족 사망	63
6	혼외정사	59	6	부상이나 질병	53
7	별거 후 재결합	54	7	결혼	50
8	부모의 이혼, 재혼	53	8	직장에서 파면당함	47
9	별거	51	9	재결합(부부)	45
10	해고, 파면	50	10	은퇴	45
11	정든 친구의 사망	50	11	가족의 건강상 변화	44
12	결혼	50	12	임신	40
13	징역	49	13	성적 장애	39
14	결혼 약속	44	14	새로운 가족의 증가	39
15	중병, 중상	44	15	직장의 변경	39

출처: 홍강의·정도언, 1982; Holmes T.H. & Rahe, R.H., 1967

한국에서는 스트레스 크기가 제일 큰 일상 사건으로 자식 사망을 들고 있으며, 이어서 배우자와 부모의 사망이 각각 2위와 3위를 차지하고 있습니다. 가족관계의 변화인 이혼이 4위, 그리고 형제자매의 사망이 5위를 차지합니다. 1위에서 9위까지가 가족에 대한 것으로, 이를 통해 한국 사회가 집단-가족주의의 특성이 크다는 것을 확인할 수 있습니다.

가족을 근간으로 하는 혈족 중심의 가족주의 집단문화 이외에도 우리나라의 인간관계는 '정', '우리성' 등을 바탕으로 한 심정을 주축으로 하는 특징이 있습니다. 한국인의 가장 큰 문화적 특성 중 하나인 '우리성'은 '우리'로 한정되는 집단에 긍정적인 가치를 부여하는 성질로, 대표적인 사례로는 2002년 월드컵의 붉은 악마 응원을 들 수 있습니다. 그뿐 아니라 유교적 전통이 의식 저변에 깊숙이 깔려 있어 집단 내에서도 위계를 중요하게 여깁니다.

민족을 대표하는 감정으로는 한^恨이 있습니다. '한'은 자신의 욕구가 좌절되고 인생의 파멸을 맛보았다고 해서 이에 대해 보복을 한다거나 하소연하는 것이 아니라 그 슬픔을 억누르고 다른 방법으로 발산, 승화시키는 것을 의미합니다.

한국에는 한국에만 있는 병이 하나 있습니다. 신체적으로는 실체가 없는 병으로 '화병^{Hwa-byung}'이라 부릅니다. 화병은 '정신 장애 진단 및 통계 매뉴얼' 4판^{DSM–IV}에 한국의 문화와 관련한 특유의 질병으로 한국식 표기로 등재된 적이 있습니다. 현재 DSM-V에서는 빠져 있고, 세계보건기구^{WHO}에서 발표하는 국제질병분류^{ICD}에서는 '기타 장기적인 정서 장애'로 기록되어 있습니다. 화병은 한국 사회에서 자신의 분노나 답답함을 겉으로 드러내지 않고 꾹 참았다가 터뜨리는 심적인 질환인데, 만성화되면 신체적 질환으로 발전하게 됩니다.

저는 이외에도 한국인의 문화적 특성으로 '체면'을 꼽고자 합니다. 체면이란 자기 진면목이나 사실과 다르게 행동함으로써 자신이나 상대의 지위나 명문을 높이거나 유지하려는 현상으로 사회적으로 바람직하다고 생각되는 가치로 구성된 공적인 자기 이미지를 말합니다.

우리라는 공동체에 뿌리를 둔 한국인의 특징

가족에 뿌리를 두고 있는 한국인들은 다음과 같은 태도를 보입니다.

첫째, 너와 나에 대한 구별이 모호합니다. 따라서 남에게 신세를 지거나 베푸는 면에서 엄격하지 않으며, 내가 베푼 만큼 상대방도 그렇게 해주기를 기대하는 등 상호 구속과 부담의 관계 특성을 보입니다.

둘째, 죄책감보다는 수치심을 더 중요하게 여겨 체면을 잃는 일에 대해 매우 예민한 반응을 보입니다. 특히, 부모를 욕되게 하는 일에 민감합니다.

셋째, 가족이나 자기가 소속된 내집단에게는 친밀함을 넘어선 맹목적인 보호와 과잉 충성을 하지만, 타인이나 외집단에게는 매우 배타적입니다.

넷째, 도덕이나 규범이 절대적이라기보다 관계의 정도나 상황에 따라 규정되는 경우가 많습니다. 따라서 진위가 분명하지 않기 때문에 눈치가 발달되어 있어 말을 아끼는 식의 유보적 표현을 보이는 것을 미덕으로 삼습니다.

다섯째, 능력보다는 인격에 근거해 이상적인 인간상을 설정하기 때문에 관계적 요소로 자조, 자율, 독립, 공정, 자유보다는 화목, 인화, 의리, 겸손, 충성을 가치 있게 여기고, 바람직한 자질로는 창의, 성취, 개성, 도전보다 성실, 인내, 노력, 절제 등을 우선적으로 꼽습니다.

한국인의 행복지수

　보통 경제개발이 앞선 나라를 선진국이라고 부릅니다. 일반적으로 타국에 비해 평균 생활수준이 낮은 개발도상국과 비교해서 그보다 나은 나라를 이르는 말이지만, 실제로는 1인당 GDP 외에도 교육·문화, 기대수명 등의 데이터를 종합적으로 고려한 인간개발지수HDI 등을 기준으로 판단합니다. 오일머니를 자랑하는 중동 국가를 선진국이라 부르진 않는 이유는 돈만 많다고 선진국이라 여기지 않기 때문입니다.

　유엔무역개발회의UNCTAD는 2021년 7월 2일 스위스 제네바에서 열린 무역개발이사회 폐막회의에서 만장일치로 대한한국을 선진국 그룹에 포함시켰습니다. 개발도상국에서 선진국으로의 변경은 1964년 유엔무역개발회의 설립 이래 한국이 처음입니다. 우리나라는 한국전쟁 이후 급속한 산업화와 놀라운 경제 성장을 이루었습니다. 전 세계가 놀랄 정도로 짧은 시간 안에 눈부신 경제 발전을 이룬 대한민국은 이제 엄연히 선진국으로 인정받고 있지만, 과연 진정한 선진국일까요?

　유엔 산하 지속가능발전해법네트워크SDSN가 2021년 국가별 국내총생산, 세계행복보고서를 발표했는데요, 이를 분석해서 한국개발연구원KDI이 2022년 5월 발표한 자료에 따르면, 한국의 국민행복지수는 OECD 37개국 중 35위입니다. 핀란드·덴마크가 각각 1, 2위이고, 우리 다음으로는 그리스와 튀르키예가 있습니다. 한국의 노인빈

곤율은 세계 1위입니다. 2018년 기준 43.3%로 OECD 평균(14.8%)의 세 배 수준이며, 미국(23.1%), 일본(19.6%), 독일(10.2%)에 비해서 월등히 높습니다. 유니세프에서 발표한 어린이 웰빙지수를 보면 우리나라 어린이들의 신체적 건강 및 학업 능력은 상위권이나 정신적 웰빙은 최하위권입니다. 자살률 또한 매우 높습니다. 이렇듯 우리 사회는 선진국의 반열에 들어섰지만, 여느 선진국에 비해 결코 행복하지 않습니다.

'인간의 행복'에 관한 연구는 1938년 하버드대학교 성인발달 연구팀에서부터 시작되었습니다. 미국인 724명의 삶을 75년간 추적하면서 그들의 일, 가정생활, 건강에 대해 파악한 이 연구의 책임자였던 로버트 월딩거Robert Waldinger 교수는 인간의 행복은 '관계'에 있다는 것을 알아냈습니다. 관계는 양이 아니라 질이 더 중요한데, 관계가 깊으면 깊을수록 인간은 더 오래 살았고 행복해한다는 것이죠.

한국은 사회자본이 약한 사회입니다. 사회자본이란 물적자본physical capital과 인적자본human capital에 대비되는 용어입니다. 사회자본은 신뢰·연결망·규범의 세 가지 요소로 구성되는데, 한국인의 삶의 질과 행복감이 경제력이나 수명에 비해 낮은 것은 이 사회자본이 박약한 것을 그 중요한 이유로 꼽을 수 있습니다. 특히, 많은 한국인은 의지할 수 있는 친구나 친척이 적고, 기부나 자선 같은 관대함이 부족하며, 부정부패가 적지 않다고 인식하고 있는데, 이것이 행복지수를 크게 낮추고 있습니다. 결국 오늘날의 한국인은 행복의 가장 중요한 요소인 '관계'에 취약한 사회에 살고 있습니다. 관계에서 고립된 사람은 정서적으로도 정신적으로도 매우 취약합니다. 저는 이것이 한국 사회의 가장 큰 문제점이라고 생각합니다.

2

우리 안의 트라우마 마주 보기

트라우마 사건의 영향력은 생존자의 일생에 걸쳐 지속적으로 퍼져갑니다. 회복 단계에서 충분히 해소되었던 문제들이라도 생존자가 인생에서 새로운 이정표에 도달하면 다시 나타날 수 있습니다. 결혼, 이혼, 가족의 탄생과 죽음, 질병, 퇴직 등은 빈번하게 트라우마의 기억을 소생시킵니다. 특히 비일상적인 사건을 경험한 사람들은 그 기억을 오랫동안 되새기는 경향이 강합니다. 죽음이나 잔인한 행위를 목격하거나 그 행위에 참여한 경우, 그리고 영구적인 장애로 신체적 상해를 입는 경험을 했을 때는 만성적이고 심한 심리적 반응을 일으킵니다. 희생자들은 트라우마 사건에 대해 심리적으로 재경험과 부정하는 현상 사이를 강박적으로 반복합니다. 또한 심리적 충격은 개인 간에 전염되기도 하여 개개인이 겪은 트라우마는 가족과 지역 사회로까지 확대되어 공동체에 지속적인 문제를 남기기도 합니다.

따라서 지금 이 시기 대한민국의 역사적, 사회적 트라우마를 살펴보는 것은 현대를 살아가는 우리에게 큰 의미가 있다고 봅니다. 왜냐하면 우리 사회 안에 내재된 트라우마, 즉 우리 사회 구성원들이 맞닥뜨리고 있는 트라우마가 무엇인지 살펴보는 일은 나와 우리가 지금 사회적으로 어떤 공통의 문제를 안고 있는지를 아는 것과 같기 때문입니다.

이 책에서 소개한 트라우마는 집단적으로 보이면서도 개별적인 사건입니다. '나'와 상관없는 트라우마라고 생각될 수도 있지만, 모두 우리 사회 구성원이 경험한 트라우마입니다. 그렇기에 '나'와 상관없는 트라우마는 없습니다. 타인의 트라우마를 마주한다는 것은 곧 타인에 대해, 우리 사회에 대해 이해하려고 노력한다는 것에 다름 아닙니다. 타인의 트라우마는 미래의 '나'의 트라우마일 수 있습니다. 저는 우리 안의 트라우마를 제대로 마주하는 것, 그것에서부터 너와 나, 그리고 공동체의 트라우마 치유가 시작된다고 봅니다.

일본군 '위안부' 여성 트라우마

저는 2005년에 일본군 '위안부' 할머니들을 처음 만났습니다. 그 당시 할머니들은 무기력하게 하루의 일상을 보내고 있었습니다. 전쟁으로 인해 본인이 '위안부' 여성이 되었고, 자신을 지켜주지 못한 나라와 가족들, 그리고 지난 세월에 대한 부정적 감정들, '위안부' 문제를 해결하지 못하는 한국 정부, 사과는커녕 부인하는 일본 정부에 대한 억울함으로 인해 한을 안고 하루하루를 보내고 있었습니다.

일본군 '위안부'로 끌려가서 해방 후 현재까지 어떻게 살아왔는지에 대한 할머니들의 이야기는 한편으로는 개인의 역사이지만 다른 한편으로는 우리나라의 아픈 역사이기도 합니다. 또한 전시 상황에서 여성 인권에 관련된 문제이기도 해서, 일본군 '위안부' 여성의 트라우마는 그만큼 복잡한 성격을 지니고 있습니다. 그렇기에 저는 7년이라는 긴 시간을 이분들 옆에서 상담을 진행했습니다. 일본군 '위안부'로 끌려가서의 생활, 해방 후의 생활들, 남은 삶에 대한 정리 등 이분들을 상담하면서 트라우마를 하나하나 그림으로 표현하게 했습니다. 그 일부를 살펴보겠습니다.

제목: 위안부 당시 기억에 남는 잔인한 장면

그림 그린 이가 일본군 '위안부' 시절 가장 무서웠던 장면은 군인이 본인에게 화풀
이를 하며 아무런 이유 없이 때리고, 칼로 위협까지 한 일이라고 합니다. 그때 주변
사람들은 아무도 말리지 않았다고 기억하고 있는데요, 그 당시 상황을 생각하면 이
해할 수 있습니다. 그린 이는 그때 군인이 모자를 쓰지 않고 있었던 것을 기억하고
이를 그림으로 그렸습니다. 그림 속 군인의 기다란 팔은 공격적인 성향을 표현한
것이고, 양 다리 사이 간격이 넓은 것은 남자에 대한 부정적인 감정을 강하게 드러
낸 것입니다. 한복을 입은 어린 소녀에게 칼을 들이대고 있는데, 그림 속 소녀는 겁
먹은 표정을 하고 있음을 여실히 알 수 있습니다. 그림 그린 이는 나무 그림과 풀숲
을 그리면서 마음의 분노를 표출하고 있습니다. 빠른 손놀림으로 반복적으로 붓질
을 했는데, 그렇게 하니 마음이 한결 가벼워졌다고 합니다.

제목: 위안부에서의 생활

그림 그린 이는 파란색 얇은 매트리스에 옷을 거의 벗은 채로 있었고, 매우 무섭고 추웠다고 기억합니다. 당시에는 매일 울면서 보냈고, 빨리 집으로 가고 싶은 생각 밖에 없었다고 합니다. 그림의 왼쪽은 집으로 가고 있는 자신의 모습이라고 합니다. 그린 이는 그림을 그리고 나서도 계속 당시의 이야기를 들려주었는데요, 외상 경험에 재노출되는 것은 트라우마 치유 과정에서 매우 중요합니다. 대부분의 피해 자들은 당시의 기억을 억압하려고 해서 무의식적으로 외상을 회피하는 경향이 있습니다. 따라서 미술치료를 통해 무의식의 감정을 이끌어내는 것은 치유에 큰 도움이 됩니다.

제주 4·3 사건 트라우마

제주4·3특별법(2000)에서는 제주 4·3 사건을 "1947년 3월 1일을 기점으로 1948년 4월 3일 발생한 소요사태 및 1954년 9월 21일까지 제주도에서 발생한 무력 충돌과 그 진압 과정에서 주민들이 희생당한 사건을 말한다"라고 정의하고 있습니다. 2003년 확정된 진상조사보고서에 따르면, 당시 인명 피해의 규모는 25,000~30,000명으로 추정됩니다. 수많은 인명이 희생되었음에도 불구하고 사건의 진실이 50여 년간 묻혀 있다가 1990년대 들어서야 진상 규명이 본격적으로 진행될 수 있었습니다.

진상 규명을 위한 노력은 김대중 정부가 출범한 이후 2000년 1월 제주4·3특별법 제정으로 결실을 맺게 되었습니다. 특별법 덕분에 국가 차원의 진상조사기구인 '제주4·3사건 진상규명 및 희생자명예회복위원회'를 만들어 진상 조사 작업을 수행할 수 있었습니다. 진상 조사 결과 4·3 사건을 국가공권력에 의한 민간인 학살 사건으로 규정하면서 기존의 공산 폭동론을 뒤집었습니다.

제주 4·3 사건의 진상 규명이 이처럼 뒤늦게 진행된 이유는 이 사건이 대한민국 정부 수립 시기에 미군정과 이승만 정권에 의해 자행된 국가폭력이었기 때문입니다. 대한민국의 정통성과 관련된 문제적 사건이었기 때문에 오랜 시간 사건의 진실은 국가권력에 의해 덮어질 수밖에 없었습니다.

제주 4·3은 대한민국 현대사에서 한국전쟁 다음으로 많은 인명 피해를 낳은 사건으로, 극심한 육체적·물질적 피해 규모와 학살의 잔혹성으로 인하여 당사자들에게 씻을 수 없는 상처를 남겼습니다. 또한 오랜 세월 동안 은폐되고 왜곡되면서 사건 당사자인 개인과 집단에게 굴절된 기억을 형성해왔습니다. 이렇게 형성된 사건의 기억을 트라우마적 기억이라 부릅니다.

원초적 사건의 상처와 더불어 4·3 사건의 은폐와 왜곡은 제주 도민에게 이중의 고통을 안겨 주었습니다. 반공이란 이름 아래 '빨갱이'로 지목된 사람들은 멸시를 받았을 뿐 아니라 자신의 처참한 경험을 함부로 발설할 수 없었습니다. 4·3 사건의 희생자들은 자신들의 경험을 건설적으로 재구성할 경험을 박탈당한 것입니다. 이러한 정치적 상황과 삶의 조건 속에서 제주 사람들의 의식과 심리는 극심한 패배주의, 공포심(레드콤플렉스), 자책감, 체념적 숙명론, 허무주의 사고에 점령당했습니다.

또한 이 사건은 개개인에게 가해진 직접적인 폭력에 따른 트라우마뿐만 아니라, 집단에게는 집단적인 리비도Libido의 상실이라는 트라우마를 가져왔습니다. 사건의 가해자인 국가와 이를 지탱하였던 반공체제의 구조적인 폭력은 이 사건을 직접 경험하지 않은 후체험 세대에게도 또 다른 성격의 트라우마를 가져왔다고 볼 수 있습니다.

2015년 4·3 생존 희생자 및 유가족 정신건강실태조사 결과보고서에 따르면 제주 4·3 사건 생존 희생자 중 약 83.6%가 외상 후 스트레스 장애를 겪고 있는 것으로 조사되었습니다. 이 수치는 5·18 사건 피해자의 외상 후 스트레스 장애율이 30% 수준인 것과 비교했을 때 매우 높은 수치입니다. 조사 당시 사건이 발생한 지 60여 년이나 흐른 점을 미루어 보았을 때 세계적으로도 유례없이 높은 수치인 것입니다.

트라우마의 치유는 최우선적으로 피해자의 안전이 확보되고 난 다음, 기억하고 애도하며, 최종적으로는 일상과 다시 연결되는 과정을 통하여 이루어집니다. 이런 정상적인 치유 과정과 대조적으로 제주 4·3 사건의 트라우마는 치유와는 거리가 먼 역사적 과정을 거쳐 왔습니다. 트라우마를 경험한 이들이 갖고 있는 최악의 두려움은 공포의 순간이 다시 발생할지도 모른다는 점에서 옵니다.

4·3 사건을 공산폭동으로 규정한 국가는 침묵과 은폐를 강요 했습니다. 피해자는 국가에 반역한 가해자로 전도되었고, 사회적인 멸시와 함께 삶이 또다시 파괴될지 모른다는 불안과 두려움에 시달 렸습니다. 침묵과 은폐의 강요는 제도화된 국가폭력의 형태로 이루어 졌으며, 이로 인해 사건의 트라우마는 치유의 실패와 더불어 후체험 세대와 여타 집단에 전이된 역사적 트라우마를 양산시켰습니다. 더욱 현재 생존해 있는 피해자들의 경우 제주 4·3 사건이 아동·청소년 기 때의 경험으로서 아동기의 외상 경험은 극심한 정서적 혼란을 가져올 수 있습니다. 아동기 트라우마 경험은 먼 훗날 성인기에 이르러 외상으로 인한 스트레스 장애나 여러 가지의 심리적 장애 위험을 높일 수 있으며, 우울이나 불안, 무기력함, 그 후의 외상 사건의 노출, 그리고 대인관계에서의 재피해Revictimization 등 여러 가지 문제를 가져올 수 있습니다. 저는 2015년 제주 4·3 사건 생존자 분들을 만나 치유 프로그램을 진행했습니다. 비록 사건이 발생한 시기로부터 오랜 시간이 지났지만 그분들에게 남아 있는 트라우마가 무엇인지를 확인할 수 있었습니다.

제목: 기러기가 날아오면 평화가 오고 사람들에게 기쁨이 온다

그림 그린 이는 92세 여성입니다. 화면 왼쪽 아래쪽에는 죽음에 이른 사람들이 무덤 같은 것으로 보호받은 듯 포위되어 있습니다. 풀버^{Pulver}의 십자 축 공간 상징에 따르면 왼쪽은 과거의 영역입니다. 주황색은 따뜻함과 장애물과 맞서는 강인함을 제공하는 색으로 그림 그린 이의 희망을 표현한 것으로 보입니다.

　죽은 시체들은 피로 흥건하게 물들어 눈을 감고 있습니다. 왼쪽 팔과 오른쪽 다리가 없으며 심리적으로 그 당시의 잔혹함을 그대로 나타낸 듯 보입니다. 화면 오른쪽 아래에 있는 두 사람은 무서워서 풀숲이나 동굴에 숨어 있는 것을 표현한 것으로 겁에 잔뜩 질린 표정입니다. 그린 이는 그림을 다 그린 후 기러기를 그려야 한다고 하며 주황색으로 날아오는 기러기를 그려넣었습니다. 새는 인간에게 변화를 꿈꿀 수 있는 가능성을 주는 상징으로, 작품에서의 기러기는 희망의 의미로 볼 수 있습니다.

제목: 마음이 아프고 미안합니다

그림 그린 이는 92세 여성입니다. 그림을 보면 제주 4·3 사건의 피해자(왼쪽)와 가해자(오른쪽) 모두 화면 하단에 위치해 있습니다. 녹색과 따뜻한 갈색, 그리고 빨강이 대비되고 있습니다. 녹색은 대지와 평화, 생명을 상징하고, 갈색 또한 대지, 자연, 생명, 비옥함 등을 나타냅니다. 자연 그대로의 아름다움을 간직하고 있던 평화로운 제주에 상처와 고통을 남겨 주었음을 빨강으로 나타내고 있습니다.

　그림 그린 이는 "산속에서 군복을 입은 사람들이 내려와서 불을 지르고 사람들을 죽이고 끌고 가는 장면"이라고 설명합니다. 끌려가는 사람을 구하지 못하고 얼굴만 겨우 내밀며 숨어서 지켜볼 수밖에 없는 비참한 사람들의 심정을 해골로 표현함으로써 살아도 산 것이 아닌, 심리적으로 극도로 불안한 상태인 것을 확인할 수 있습니다. 죄책감은 생존자가 다른 사람의 고통이나 죽음을 목격했을 때 특히 더 심한데, 그림 그린 이는 당시 위험에 빠진 마을 사람들을 숨어서 지켜볼 수밖에 없었던 것에 대한 자책감을 그림으로 나타내었습니다.

제목: 억울한 4·3 사건 잊지 말자

그림 그린 이는 85세 여성입니다. 그림 왼쪽 하단에 위치한 네 송이 꽃은 본인을 포함한 가족을 상징하며, 더불어 제주의 아름다움을 나타냅니다. 십자 축의 왼쪽은 과거에 관계된 민감한 영역으로 이미 종료된 것과 잊힌 것에 대한 관심과 내향성을 상징합니다. 산의 초록색과 불의 빨간색이 대비되고 있는데, 평화, 자연, 순응, 조화로서의 초록을 피, 죽음의 고통, 상처, 폭력의 빨강이 점차 앗아가는 장면입니다. 당시 상황을 상징하듯 먹구름이 가득 낀 어둑어둑한 회색 하늘은 심리적 불안감을 표현합니다.

그린 이는 15세에 4·3 사건을 겪었으며 부모님, 오빠와 함께 산에 숨어 있었다고 합니다. 배경으로 보호막을 연상하듯 한라산을 크게 병풍처럼 그려넣었습니다. 평화스럽고 아름다웠던 제주도가 하루아침에 불타버렸다는 것을 대비적으로 표현했습니다.

한국전쟁 트라우마

한국전쟁을 생각하면 저는 학교에서 해마다 '잊지 말자 6·25' 관련한 포스터 그리기, 글짓기, 표어 쓰기 등을 하고 이 가운데 우수 작품을 전시했던 풍경이 생각납니다. 이런 행사를 준비하는 과정에서 할아버지와 할머니, 부모님뿐 아니라 주변에서 힘들지 않게 한국전쟁 경험자들의 증언을 들을 수 있었습니다. 어머니한테 한국전쟁 발발 당시 학생이었던 막내 삼촌이 학도호국단이라는 명분으로 전쟁에 참가했다가 전사했다는 이야기를 들었습니다. 이렇듯 제 또래 분들 중에는 전쟁으로 인한 가족의 아픔을 경험한 사람들 이야기를 심심치 않게 들을 수 있었습니다.

사회 전체가 전쟁이나 폭력의 상처를 입으면 이 국가적 트라우마는 대를 이어 계속됩니다. 전쟁으로 인해 삶의 터전과 가족을 잃은 사람들의 트라우마가 크기 때문입니다. 한국전쟁에 참전했다가 상이군인이 된 사람들은 그보다 더 큰 트라우마를 경험합니다. 이들은 본인들이 전쟁 소모품으로 간주된 데 대해 분노하고, 자존감 상실로 이어져 이로 인한 우울증을 경험합니다. 이런 트라우마 증상들은 전쟁 이후 부상당한 자신에 대한 사회적 무관심, 다시 버려질 것에 대한 두려움, 무가치한 존재라는 인식, 죽음에 대한 공포와 미래에 대한 상실감 때문에 일어납니다.

참전군인과 상이군인에 대해 정부의 지원이 이루어졌지만, 이들의 정신적 상처인 트라우마는 치유되지 않은 경우가 많습니다. 한국에서는 아직 군인들의 정신적 피해를 인정하지 않고 있기 때문입

1950년 12월 19일, 함경남도 함흥시 흥남부두에서 주민들이 탈출하고 있는 모습. 당시 난민들은 해군 상륙선을 비롯해 어선 등 '떠다니는 모든 것'을 이용해 함흥을 탈출했다.

니다. 이들의 가족들 역시 정신적인 트라우마로 함께 어려워하고 있습니다.

　　전쟁을 비롯해서 대부분의 국가폭력 피해자들은 공포심과 억울함을 동시에 느낍니다. 사회적으로 성공하거나 높은 지위를 획득한 이들 중에는 간혹 치유가 된 경우가 있기도 합니다만, 육체적 고통과 경제적 어려움을 동시에 겪는 경우가 더 많습니다. 특히 학력이 낮고 하층에 속했던 사람들의 경우 정신적 상처가 심화되거나 고통이 더 악화될 수 있어서 만성적 트라우마 환자가 많습니다. 자신의 고통을 국가나 사회로부터 인정받지 못하는 사람들의 경우 그 트라우마는 지속될 수밖에 없습니다. 이러한 트라우마는 개인을 넘어 가족, 사회로 전염되기도 합니다. 따라서 이런 트라우마는 사회적 치유가 꼭 필요합니다.

5·18 민주화운동 트라우마

1980년 당시 초등학생이었던 저는 방송과 언론을 통해 광주 이야기를 듣고 보면서 너무 무서워했던 기억들로 가득합니다. 성인이 된 후 당시 상황을 제대로 알고 나서는 더 큰 무서움에 시달렸습니다. 군대가 자국민을 향해 무자비한 폭력을 행사해 수천 명을 살해하고, 그에 대해 진실을 요구한 사람들을 가두고 처벌할 수 있다는, 국가폭력의 생생한 모습에 대한 두려움이었습니다.

광주 5·18 민주화운동 참가자들은 1980년 당시에 겪은 폭력에 더해 군사정권 시절 내내 사후적 폭력을 경험했습니다. 진실을 알리고 학살 책임을 추궁하는 과정에서 체포되고 고문받고 감옥에 갇히기도 했습니다. '빨갱이'라는 낙인까지 찍혀 사회적 배제에 시달리기도 했습니다. 다른 국가폭력과 마찬가지로 희생자 유가족들은 죽은 이를 추모하기는커녕 애도조차 할 수 없었습니다.

해결되지 못한 국가폭력은 트라우마로 남아 살아남은 자들의 일상생활을 파괴합니다. 광주 5·18 피해자들 역시 사건 이후 수십 년이 지난 시점에서도 피해의식과 무기력, 희망 상실 등 만성화된 트라우마로 고통받고 있는데, 2006년 조사에서는 피해자 중 41%가 PTSD를 경험하고 있는 것으로 나타났습니다. 특히 광주 5·18 피해자들은 5월 즈음해서는 공포, 슬픔, 우울, 불안, 죄책감 등이 뒤섞인 '오월증후군'에 더 고통받습니다. '기념일 반응'이라 불리는 현상으로, 특정한 사건이 일어난 날을 전후로 피해자 본인이나 가족, 유족 등이 평소보다 더 우울하고 슬퍼지는 심리적 증상입니다. '오월증후군'의 경우

1980년 5월 18일부터 27일까지 전남 광주에서 일어난 5·18 민주화운동 당시 신군부에 의해 민간인 학살이 자행되며 다수의 희생자와 피해자가 발생했다. 전남도청 앞 상무관에 희생자들의 시신을 임시로 모셔두었는데, 사진은 1980년 5월 24일 신원이 확인되어 입관 후 안치된 시신들을 희생자의 가족들이 슬픔에 잠겨 바라보고 있는 모습이다. 나경택 촬영, 5·18기념재단 제공.

5·18을 겪지 않은 이후 세대에서도 나타난다는 점에서 사회적 트라우마가 어떻게 공동체에 작동하고 소속된 사람들에 지속적으로 상처를 주고 확산시키는지 그 심각성을 알 수 있습니다.

　　이러한 트라우마의 가장 안타까운 사례는 5·18 피해자들의 자살입니다. 한국은 OECD 국가 중 수년째 자살률 1위라는 부끄러운 기록을 갖고 있습니다. 한국의 자살률이 높은 것에는 여러 분석 요인이 있겠지만 사회적 유대의 약화를 통해 개인이 느끼는 불안감과 무기력함이 더 증폭되는 것도 하나의 요인일 것입니다. 이는 5·18 피해자들의 자살에서 더 분명히 드러납니다. 2019년 기준, 광주 5·18 민주화운동 피해자 중 확인된 자살 피해자만 최소 46명에 이릅니다. 1980년대 25명, 1990년대 4명, 2000년대 13명, 2010년대 4명이 스스로 목숨을 끊었습니다. 민주화운동에 대한 탄압과 그로 인해 피해가 극심했던 1980년대와 함께 2000년대 들어 자살 피해자가 많아진 것을 알 수 있습니다. 광주트라우마센터의 자료에 따르면 2000년대 들어 자살률이 더 높아진 것은 5·18에 대한 사회적 관심이 축소됨에 따라 민주화운동 참여자들의 공동체적 연결이 약해진 것이 주요인이라고 합니다.

트라우마 치료는 '불신'을 '신뢰'로, '말할 수 없음'을 '말할 수 있음'으로 정체성의 통합을 이루는 과정입니다. 트라우마를 겪은 사람들은 정의가 회복되는 것을 경험하면서 비로소 억울함과 원통함에 사로잡히지 않고, 기쁨과 희망을 품게 되었다고 말합니다. 사회정의가 회복의 밑거름이 될 때 비로소 치유가 가능해지는 것입니다. 광주 5·18 민주화운동의 트라우마는 5·18의 기억이 공동체의 역사로 자리 잡고, 피해자들에게 정당한 피해보상이 이루어지며, 5·18에 대한 차별과 혐오가 사라질 때야 비로소 가능합니다.

IMF 금융 위기 트라우마

1997년은 한국뿐 아니라 아시아 전체가 금융 위기였던 시기입니다. 국내에서는 외환 보유고가 바닥이 나면서 사상 최대 외환 위기, 기업의 파산과 부도, 대량 실직이 일어났습니다. 그 당시 저는 병원에서 근무를 하고 있었는데, 그때 가장들의 입원이 상당히 많았습니다. 금융 위기를 직격탄으로 맞은 정신적 충격으로 인해 가정에서 소리를 지르거나 폭력을 쓰거나, 우울증, 알코올 의존증 등의 증세로 온 분들이 대부분이다 보니 폐쇄병동 입원 환자들이 많이 증가했었습니다.

이들에게 치유 프로그램을 진행했을 당시 많은 사람이 경제 관련한 그림을 비롯해서 가장의 무거운 책임감, 가족을 돌보지 못하는 미안함, 사업 운영 실패로 인한 파산 등을 묘사한 그림을 많이 그렸습니다. 어떤 분은 당시 돌이 안 된 둘째 아이의 분유를 살 수 없어서 온 가족이 사방팔방 수소문하며 구하러 다녔던 기억을 가지고 있기도 했습니다. IMF 금융 위기 때 온 국민이 이 경제 위기를 이겨내고자 금모으기 운동에 참여했는데요, 그래서 이와 관련한 그림을 그리는 분들도 많았습니다.

제목: IMF 금모으기 운동

그림 그린 이는 IMF 금융 위기를 생각하면 금모으기 운동이 제일 먼저 떠오른다고 합니다. 정부에서 외환 부채를 갚기 위해 금모으기 운동을 한다는 뉴스를 보고 집에 있던 금을 다 가지고 나갔다고 합니다. 십자가 목걸이, 남편에게 받은 결혼 예물, 시어머니가 주신 선물, 아이들 돌반지 등등 집에 있는 금은 모두 가지고 나갔습니다. 당시에도 금액이 적지 않았지만, 무엇보다 애국했다는 느낌에 가슴 뿌듯했다고 합니다.

제목: 회사 부도

그림 그린 이는 외환 위기 당시 환율이 너무 높아서 결국 회사가 부도가 나 폐업을 하게 되었다고 합니다. 당시 미국의 미술대학에 유학 중이던 첫째 딸도 공부를 포기하고 한국으로 돌아왔으며, 가족들은 모두 처갓집으로 갔습니다. 그 뒤 그린 이는 술을 마시고 우울증에 빠져서 병원에 입원하게 되었는데, 빨리 이 상황을 벗어나서 다시 일하고 싶어 했습니다.

세월호 재난 사건 트라우마

2014년 4월 16일 진도해상여객선 세월호 침몰 사건이 발생했습니다. 그날 저는 강의를 마치고 나오면서 방송을 들었습니다. 그리고 바로 학생 전원을 구조했다는 속보에 다행이라고 생각했습니다. 그러나 이는 오보였습니다. 그날 죽지 않아야 할 학생들이 구조되지 못하고 억울하게 죽어가는 장면이 전국에 생중계되었고, 이후부터 모든 국민이 세월호 트라우마에 휩싸이게 되었습니다.

탑승자 476명 중 172명이 구조되었고, 299명이 사망하고 5명이 실종된 이 사건은 한국 사회 최대의 트라우마 사건이 되었습니다. 당시 저는 안산 단원고 전교생 생존자를 위해 심리치료를 담당했습니다. 생존 학생들 역시 친구가 바로 옆에서 죽어가는 장면을 목격했기 때문에 그 트라우마가 상당했습니다. 제가 방문했을 때 학교에는 검은색 옷차림의 교사와 직원들이 층마다 향을 피우고 애도를 하고 있었습니다. 복도에서 마주친 학생들은 신발 소리조차 내지 않고 조용히 움직였는데, 그 모습이 마치 영혼이 빠져나간 사람들 같았습니다.

세월호 생존자와 수학여행을 가지 않은 단원고의 다른 학생들에게 제가 내준 그림 주제는 '바다'였습니다. 참가자의 90%는 세월호에 대한 안타까움과 분노의 감정을 그렸지만, 나머지 10% 학생은 가족이나 자신이 경험한 바다를 그렸습니다. 참고로 그림 주제를 내줄 때 똑같은 경험을 한 사람들에게는 동일한 사건 주제를 내줄 수 있지만, 그렇지 않은 사람들에게는 트라우마를 똑같이 겪도록 강요할 수 없기 때문에 사건 주제가 아닌 좀 더 광범위한 주제를 내줍니다. 치유 프로그램에 참여한 이들 중에 트라우마가 없는 사람들이 있기 때문입니다. 이어 단원고 인근의 중·고등학교 교사를 대상으로 트라우마와 그 대처법에 대해 교육을 실시했습니다. 다음은 실종자를 찾고 장례를 치르느라 정신없는 부모님들로 인해 관심 영역에서 벗어나 있는 사망자와 실종자의 형제자매들을 위한 심리치료를 진행했습니다.

그리고 진도로 가서 자녀가 살아 돌아오기를 기다리는 부모들을 만났습니다. 유가족들은 수학여행 간 자녀의 죽음 앞에 오열할 수밖에 없었습니다. 밤이 되어 체육관에 매트리스를 깔고 모두 누워 있으면 누군가 제 옆으로 옵니다. "교수님 서울의 병원에서 오셨다고 들었습니다. 혹시 수면제를 구할 수 없을까요? 잠이 오지 않습니다." 이들을 의료지원팀으로 안내해 주고 누우면 또 다른 누군가가 다가왔습니다. 개중에는 아이가 보고 싶다고 하며 울다 가는 분도 있었습니다. 누군가 말을 걸 상대를 찾아온 분들이었습니다. 이렇게 다들 숨죽이고 잠을 청하다가 결국 여기저기서 흐느끼는 울음소리가 들리기 시작하면 모두 같이 울었습니다. 울다 지쳐서 잠이 들거나 뜬눈으로 밤을 새운 부모와 자원봉사자들이 다시 팽목항으로 향했습니다. 우리는 유가족들이 아이에 대해서 더 많이 이야기하고, 더 많은 것들을 느끼도록 충분한 기회를 주어야 합니다.

생존자 학생들의 부모와 사망한 자녀의 부모는 서로의 눈 마주치는 것도 힘들어했으며, 생존자 학생들은 살아남은 자의 슬픔으로 많이 힘들어했습니다. 시신 확인 작업은 국과수에서 담당하고 안산으로의 후송은 소방관들이 담당했는데, 이때 소방관 분들도 트라우마로 힘들어했습니다. 이들은 시트를 덮고 있는 시신에 조금이라도 울퉁불

한국의 주요 재난 사건

재난 사건	인명 피해규모(명)	시기(년.월.일.)
삼풍백화점 붕괴	502(실종자 6)	1995. 6. 29.
여객선 창경호 침몰	330	1953. 1. 9.
여객선 남영호 침몰	326	1970. 12. 15.
여객선 세월호 침몰	299(실종자 5)	2014. 4. 16.
여객선 서해훼리호 침몰	292	1993. 10. 10.
대한항공 보잉747 여객기 피격	269	1983. 9. 1.
대한항공 801편 괌 추락	228	1997. 8. 6.
대구시 지하철 방화	192	2003. 2. 18.
제주항공 여객기 참사	179	2024. 12. 29.
대연각호텔 화재	166(실종자 25)	1971. 12. 25.
해군 YTL301호 전복	159	1974. 2. 22.
이태원 참사	159	2022. 10. 29.
여객선 연호 침몰	140	1963. 1. 18.
대한항공 858편 공중폭파	115	1987. 11. 29.
대구 지하철 1호선 도시가스 폭발	101	1995. 4. 28.
청량리 대왕코너 화재	88	1974. 11. 3.
이리역 열차 폭발	59	1977. 11. 11.
서울 시민회관 화재	53	1972. 12. 2.
마포 와우아파트 붕괴	34	1970. 4. 8.
성수대교 붕괴	32	1994. 10. 21.

통 움직임이 보이면 시신이 일어나는 것 같아 보이고, 하얀 시트가 붉은 피로 스며드는 장면으로 인해 심한 트라우마를 호소했습니다. 그래서 소방관을 위한 심리지원 프로그램을 추가로 진행했습니다.

어느 날 김동수 씨로부터 전화가 걸려왔습니다. 자신의 트라우마가 심각하다고 만나줄 수 있냐는 것이었습니다. 김동수 씨는 세월호 참사 때 여러 사람의 목숨을 구하면서 '파란 바지 의인'으로 알려진 분입니다. 저는 곧바로 그가 입원 중인 세브란스로 달려가 치료를 실시했는데, 상당히 심한 트라우마를 겪고 있었습니다. 많은 사람을 살렸음에도 더 많은 아이들을 구하지 못했다는 자책감에 살려달라는 아이들의 얼굴들이 계속 떠올라 일상이 거의 무너져 있었습니다.

세월호 추모 주기가 오면 항상 여러 사건이 일어났습니다. 트라우마 피해자들이 자해를 하거나 극단적 선택을 시도하는 경우가 있었습니다. 저는 지역적 거리의 한계로 인해 꾸준히 이들을 도울 수 없다는 현실이 항상 안타까움으로 남아 있었습니다. 저는 당시 제주도에 갈 때마다 세월호 희생자인 김동수 씨와 그의 가족분들, 그리고 화물연대 생존자분들을 만나 미술심리치료를 하고 대화하며 함께 식사를 했습니다. 그 뒤 2020년 4·3트라우마센터가 설립되었습니다. 트라우마센터에서 이분들에게 꾸준한 치료와 관심과 사랑을 주었으면 합니다.

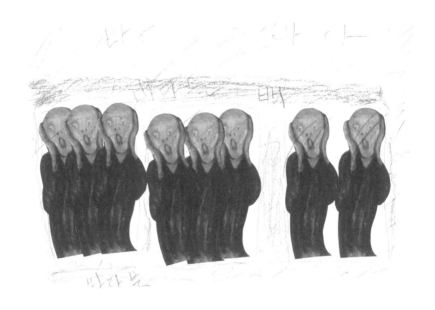

제목: 공포(나올 수 있었는데)

이 그림을 그린 이는 파란 바지의 의인 김동수 씨입니다. 그는 창문에 붙어 서서 자신을 바라보고 있는 세월호 사람들의 절규를 표현했습니다. 처음에는 창문을 그린 후 그 위에 사람 모형을 올려만 두었다가 나중에는 아래쪽에만 풀칠을 살짝 해서 붙여놓았는데, 그렇게 한 이유가 이들 모두 창문만 열렸으면 나올 수 있었기 때문이라고 합니다. 에드바르트 뭉크Edvard Munch(1863~1944)의 〈절규〉 그림을 이용한 것은 어쩔 줄 몰라 하는 아이들의 표정을 나타낸 것입니다. 김동수 씨는 사고 이후 적합한 심리적 지원이 이루어지지 않아 일상생활을 하기 힘들 정도로 정신적·신체적·경제적으로 스트레스가 심했다고 합니다. 제가 치료 프로그램을 진행할 당시에는 주변 사람들과 가족에게도 표현하지 못했던 자신의 감정과 생각들을 토로하고 싶어 했으며, 이를 그림으로 표현할 수 있어서 다행이라고 말합니다. 이 그림은 구조에 최선을 다했지만 결국 구해내지 못한 희생자들에 대한 죄책감으로 트라우마에 시달리는 자신의 고통을 표현한 것입니다.

제목: 나 아직 살아 있는데…

화면의 중심에서 정면을 응시하는 듯이 표현된 눈동자는 절망적 상황에서 외부 세계에 도움을 요청하는 통로임과 동시에 세월호 피해자들이 침몰 상황에서 가졌을 극도의 불안과 슬픔의 감정을 표현하는 매개체이기도 합니다. 아래로 축 처진 눈썹과 과장된 눈동자는 피해자가 느꼈을 고통과 두려움을 상징적이고 강렬하게 나타내었고, 특히 눈동자의 노란 빛은 바닷속에서 실종자들을 구출하기 위해 사용하던 조명탄이 반사되고 있는 것이며, 눈동자의 푸른 부분은 바다에 잠겨 있음을 나타냅니다. 조명탄이 눈에 비치고 있는 것은 생존에 대한 가능성을 나타내는 것이기도 하지만, 배경의 바다가 이미 푸른빛을 잃고 갈색과 검정색으로 변한 것을 통해서 그린 이는 이미 두려움과 어둠이 엄습하고 있음을 상징적으로 드러내고 있습니다. 그린 이는 제목을 통해서 세월호의 실종자들이 살아 있기를 바라는 소망과 염원을 은유적으로 나타내고 있습니다.

제목: 물

자신이 생각하는 가장 어두운 바다의 모습을 색과 진한 필압의 표현을 통하여 나타내고자 한 그림입니다. 태아가 엄마의 뱃속에 있을 때의 물속에 있는 환경과 세월호 사건을 은유적으로 빗대어 표현하고 있습니다. 그림 그린 이는 '물'은 근본적으로 모성, 따뜻함, 편안함을 상징한다고 생각했으나, 세월호 사건 이후 '물'에 대한 생각과 느낌이 공포, 두려움, 미지의 세계, 죽음으로 변하게 되었다고 합니다. 거친 필압의 세로선으로 채색된 바다 부분은 물에 대한 죽음의 이미지를 더욱 부정적으로 부각시키고 있고, 심해 속의 두 인물상은 각각 엄마와 태아를 의미하며, 엄마의 뱃속에서 태아가 분리되어 있는 상태를 표현한 것이라 합니다. 웃고 있는 엄마의 표정과 달리 검게 그려진 태아는 분리에 대한 두려움과 공포를 느끼고 있는 상태입니다. 이러한 태아에 대한 비유는 세월호 사건의 피해자들이 느꼈을 불안을 의미하기도 하며, 더 나아가 자신이 이 사건을 통해 갖게 된 바다와 물 이미지에 대한 불신과 공포의 감정을 나타내기도 합니다.

제목: 기다림

그림 그린 이는 TV에서 세월호 관련 뉴스를 보다가 항구에 앉아 하염없이 자녀의 소식을 기다리는 세월호 유가족의 모습을 본 적이 있는데, 이 장면이 뇌리에서 잊히지 않아 표현하였다고 합니다. 해가 지는 바다 풍경 속에서 붉은색과 푸른색의 대비를 통해 분노와 우울감 등을 강조하여 나타내었고, 사람이 둘러싸고 있는 담요의 색을 난색 계통으로 칠하여 희망을 품고 있는 마음을 표현하고 있습니다. 바다의 파도를 잔잔히 나타냄으로써 현재 구조의 어려움이나 구조 환경이 안정되길 바라는 무의식을 읽을 수 있습니다. 사람의 뒷모습, 앉아 있는 모습 등은 부정적 환경에 처해 있거나 자아의 강도가 낮아졌을 때, 또는 자신에 대한 부정적 감정을 느낄 때 주로 나타나는 표현 방법입니다.

코로나19 트라우마

코로나19 팬데믹(2020. 1.~2023. 1.) 당시 저는 질병관리본부에서 진행하는 감염병 스트레스 극복을 위한 '심리적 방역' 전문 상담을 만 3년 동안 진행했습니다. 상담 초기에는 가족 중 코로나로 사망한 분이 있는 유가족의 전화를 주로 받았습니다. 이후 코로나19가 장기화되면서 경제적인 문제를 상담하는 전화가 늘어나기 시작했습니다. 특히 청년들의 실업과 경제적 활동의 위축 등은 큰 사회문제로 다가왔습니다. 외국 유학을 떠났다가 어쩔 수 없이 돌아와 힘들어하는 학생이 있는가 하면, 홀로 자취하는 청년의 경우 경제적 어려움으로 인해 하루 한 끼조차 해결하기 어렵다는 연락을 받기도 했습니다.

가족과의 갈등이 심각하다는 상담 전화도 많아졌습니다. 집안에 있는 시간이 늘어나면서 가족과 하루 세 끼 식사를 함께하는 등 시간과 공간을 공유해야 하는 상황이 너무나 어색하고 힘들다는 내용이 많았습니다. 사람들을 만나지 못하면서 우울증, 대인관계까지 힘든 상황이 지속되었습니다. 코로나가 크게 창궐하여 감염자가 많아졌을 때는 많은 사람이 코로나 감염으로 인한 신체적 통증과 심리적 우울증으로 힘들어했습니다. 개인 기저질환이 심화되면서 어려움을 겪는 분들도 있었습니다. 코로나로 인해 병원 가는 것이 쉽지 않은 데다 특히 지방에 있는 사람들은 진료에 큰 어려움이 있었기 때문입니다. 군에서도 코로나19 집단 감염으로 인해 힘들어하는 신병들의 전화 상담을 시행했습니다.

국제 학술지 소아과학저널JAMA Pediatrics에 게재한 연구를 보면,

코로나19를 겪은 5세 아동은 유행 이전의 또래보다 의사소통 능력이 평균 4개월 정도 지연되어 있는 것으로 나타났다고 합니다. 바깥에 나갈 기회가 줄어들면서 또래집단과의 만남이 적어지면서 나타난 현상인 것입니다.

당시 저는 '코로나 키즈-마음재난 프로젝트'를 한국일보와 함께 실시했는데, 아이들은 그림의 주제로 바이러스, 마스크, 통증 기억 등 질병 관련한 것을 제일 많이 선택했습니다(32.9%). 이어 친구와 선생님과의 관계 단절이 15.6%를 차지했으며, 놀이터 등에도 맘껏 돌아다니지 못하는 지역 사회에 관한 것과 학교 수업 등이 각각 12.9%를 차지했습니다. 가족, 우울, 걱정, 짜증 등의 감정이 각각 11.4%를 나타냈고, 마지막으로 여행을 갈 수 없는 등 이동의 불편함에 대한 것이 2.9%로 나타났습니다.

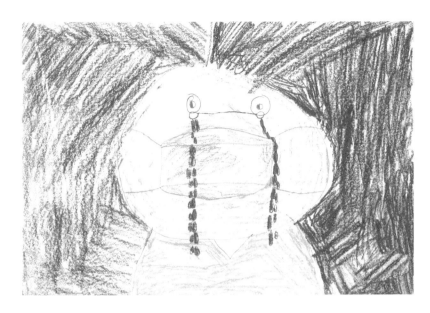

제목: 마스크 쓰고 울고 있는 아이

그림 그린 이는 11세의 남자 아이입니다. 그림은 코로나에 걸린 후 너무 아파서 마스크를 쓴 채 울고 있는 모습을 그린 것입니다. 배경에서 빨간색과 파란색을 대비시켜 코로나로 인한 스트레스와 일상 회복에 대한 기대 심리의 양가적 감정을 표현한 것으로 보입니다.

제목: 자가 격리 코로나 검사

그림 그린 이는 12세의 여자 아이입니다. 두 개의 집을 그려서 자가 격리 때문에 밖으로 나가지도 못하고, 가족과도 떨어져 지내야 하는 답답함을 표현하고 있습니다. 바깥 잔디에 나가지 못하는 것을 붉은색 × 표시로 나타내고 있고, 코로나 검사 키트와 PCR 검사의 고통을 함께 표현하고 있습니다.

청소년한부모가족 트라우마

한부모는 여러 사정으로 인해 홀로 아이를 키우는 부父 또는 모母를 일 컫는 말로, 여기에는 결혼하지 않고 아이를 낳아 키우고 있는 미혼부 와 미혼모도 포함됩니다. 이 가운데 부 또는 모의 나이가 만 24세 이 하인 경우를 청소년한부모라 부르며, 부 또는 모의 나이가 만 25세 이 상 34세 이하인 경우에는 청년한부모라 칭합니다.

보호시설에 있는 청소년 미혼모의 심리지원 프로그램을 진행 했을 때, 이들의 제일 큰 걱정은 독립이었습니다. 일정 기간을 거치면 보호시설에서 나가 독립해야 하는데, 홀로 육아를 담당해야 하는 것 에 대한 두려움으로 우울, 불안 증세가 많이 나타났습니다. 그럼에도 아이를 낳기로 결정하고 출산한 까닭에 아이에 대한 애착이 매우 강 했습니다. 아이와 씩씩하게 살아보고자 하는 이들의 의욕을 그림을 통해 살펴볼 수 있었습니다.

반면 아이들을 홀로 키우고 있는 청소년한부모의 경우에는 대 부분 육아에 지쳐 있었습니다. 이들에 대한 심리검사나 치료를 하다 보면 경제적으로 힘들어하는 것뿐 아니라, 우울하고 무기력한 상태인 경우가 많았습니다. 또한 본인의 원가정에서 인정받지 못한 상황에서 같은 또래와 함께 학교생활을 하지 못하는 등 사회적으로 소외되어 있는 자신의 상황에 대한 트라우마까지 겹쳐 있는 경우가 많았습니 다. 청소년한부모 가정의 어린 자녀들은 한부모에 의해 어렵게 양육 을 받으면서 경제적 어려움을 비롯해서 소아불안, 공격성, 분노, 외로 움 등의 증세를 보이고 있었습니다.

두 명의 딸을 키우고 있는 청소년 미혼모의 그림입니다. 이 당시 그림 그린 이는 신체뿐 아니라 정신적으로도 매우 지쳐 있었습니다. 현실에서 도피하고 싶지만 자녀 양육을 저버릴 수 없다는 양가적 감정을 가지고 있었는데요, 집 바깥의 의자에 앉아 홀로 울고 있는 옆모습이 안타까우면서 애처로움을 자아냅니다.

그림 그린 이는 큰 나무에 기대어 있는 자신의 모습을 아이로 표현하고 있습니다. 나무에 기대어 책을 읽고 있는 모습은 혼자 편안하게 일상을 누리고 싶은 마음을 나타낸 것입니다. 오른쪽 집에서 떨어져 있는 모습을 통해 자녀 양육에서 벗어나고 픈 마음을 표현한 것입니다. 나무 둥지 위 알은 아직 정서상 어리고 보호받고 싶은 욕구를 나타냅니다. 왼쪽의 큰 나무에 손을 대고 안기는 모습 또한 보호받고 싶은 마음을 드러낸 것이라 볼 수 있습니다.

고립·은둔 청년(은둔형 외톨이) 트라우마

1990년대 일본에서는 거품경제가 꺼지고 나서 '히키코모리'라 불리는 은둔형 외톨이가 급증해 당사자와 가족을 대상으로 심리 상담에 주력한 시기가 있었습니다. 그런데 최근 우리나라에도 은둔형 외톨이의 수가 증가하고, 이제는 사회적 문제로 수면에 떠오르기 시작했습니다.

　　　고립은 다른 사람들과 의미 있는 관계를 맺지 못하고 어려운 일이 있을 때 도움을 받지 못하는 상태를 말합니다. 은둔은 세상일을 피해 제한된 장소에 계속 머물면서 타인과 교류하지 않는 상태를 의미합니다. 따라서 고립·은둔 청년은 사회적 관계가 단절되거나 외로움을 느끼는 청년을 말합니다.

　　　은둔형 외톨이는 잘 드러나지 않기 때문에 그 실태를 파악하기 어렵습니다. 그럼에도 보건복지부에서 진행한 실태 조사에 의하면 짧게는 6개월, 길게는 수년에 걸쳐 방에서 나오지 않는 청년이 2023년 현재 54만 명이 넘어섰다고 합니다. 은둔형 외톨이의 대부분은 우리 사회에서 가장 활발한 경제 활동을 하는 20세부터 34세 사이 청년이라고 합니다. 2019년 광주광역시에서 처음으로 은둔형 외톨이 지원 조례가 만들어졌고, 이후 전국 광역 및 기초자치단체에서 앞다투어 관련 조례를 제정했습니다.

　　　그런데 과거에는 잘 보이지 않던 은둔형 외톨이가 우리 사회에 급증하게 된 원인은 무엇일까요? 먼저 양육 방식에서 돌봄이 약화되고 있는 변화를 들 수 있습니다. 1970년대까지 일하는 여성은 대부분 미혼 여성이었습니다. 이들은 결혼과 동시에 직장을 관두면서 양육에 힘썼습니다. 이후 1980년대 들어 여성의 경제 활동이 크게 늘고 맞벌이가 일반화되기 시작하면서 자녀의 돌봄 문제가 사회적 이슈가 되기 시작했습니다. 이는 1980년대에 출생한 지금 청년들 가운데 은둔형 외톨이가 급증한 것과 연관이 있습니다. 맞벌이와 여성의 경제 활동 자체를 문제라고 할 수는 없지만, 1980년대부터 자녀의 돌봄 시간이 취약해진 것은 분명한 사실입니다. 또한 잦은 양육자의 교체로 인해 애착 관계에도 문제가 있음을 알 수 있습니다.

두 번째, 은둔의 여건이 잘 갖춰진 것도 은둔형 외톨이가 늘어난 것과 관계가 있습니다. 2000년대에 들어서면서 개인 컴퓨터 보급이 보편화되었고, 2010년 전후로 인터넷 보급률이 80%를 넘어섰습니다. 2022년 기준으로 10대 청소년은 평균 수면시간인 7.2시간보다 많은 8시간 이상 인터넷을 이용하고 있습니다. 또한 사람들이 직접 만나지 않아도 소통이 가능해졌고, 각자 개인의 방을 갖게 되었고, 배달 문화의 발달로 집 안에서도 편하게 끼니를 해결할 수 있게 된 것입니다.

세 번째, 공동체의 해체입니다. 즉, 우리 사회의 작은 공동체와 모임이 거의 해체되고 개인화된 것을 들 수 있습니다. 직장 생활에서는 협업이 줄어들고, 회식 문화도 많이 사라졌습니다. 이는 정서적 유대감이나 소속감이 많이 느슨해지거나 사라져 가고 있음을 나타냅니다. 2020년부터 2023년까지 만 3년 동안 코로나를 겪으면서 사람들은 더 많은 개인 시간을 갖게 되었는데, 이 점도 한몫했을 것이라 봅니다.

은둔형 외톨이가 된 이유에 대해 남성의 경우는 연이은 취업 실패가 가장 많았고, 여성의 경우는 출산 이후 우울증으로 인해 은둔형 외톨이를 선택한 경우가 많았습니다. 국가와 정부는 소통이 어려운 이들을 위해 자조모임을 활성화하고 관련 프로그램을 만들거나 재정 지원 등의 정책을 만들어야 할 것입니다.

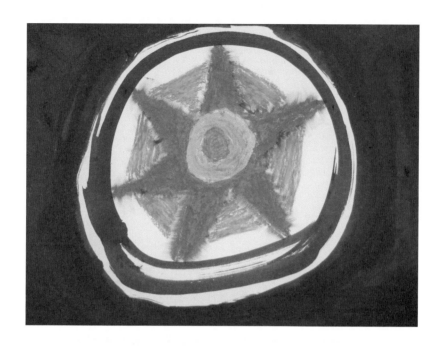

청년은 초등학생 때 공부를 잘했고 모범생이었다고 합니다. 중학교와 고등학교 시절에는 뛰어나지는 않았지만 학교는 잘 다녔습니다. 지방 대학에도 들어갔습니다. 두 여동생은 좋은 대학을 나와서 대기업은 아니어도 취업을 잘 했습니다. 그러나 청년은 계속해서 취업에 실패했습니다. 이력서를 100통 넘게 썼다고 합니다. 간혹 면접을 보기도 했지만 모두 떨어졌습니다. 그 후 가족들 사이에서는 식충이로 인식되었고, 방에 들어가서 게임만 했습니다. 결국 취업도 포기했고, 사람들도 안 만나고 방에서만 지내고 있습니다.

　어머니가 문 앞에 밥을 두고 가면 가지고 들어와 먹고 다시 문 앞에 빈 그릇을 내놓습니다. 밤에 몰래 나가 편의점에 가거나 배달앱을 통해 시켜먹기도 합니다. 가장 견디기 힘든 건 가족들의 눈총이라고 합니다. 가끔 가족들과 부딪치면 어머니를 제외하고 모두 한심하게 본인을 쳐다본다고 합니다. 그림 속 어둡고 깜깜한 밤에 빛나는 별처럼, 본인이 언젠가 별처럼 반짝거릴 수는 있을까요? 하고 저에게 물어보았습니다.

사방이 어둡습니다. 스테인드글라스처럼 빛이 비추는 밝은 유리처럼 살고 싶지만, 우울해져서 먹으로 그림 위를 다시 칠해 버렸습니다. 가족하고도 연락을 하지 않고 지낸다고 합니다. 가족 또한 본인을 찾지 않는다고 합니다. 지금은 아무런 희망도 없고, 꿈도 없다고 합니다. 이렇게 살다 죽는 게 인생 아닐까 하는 생각이 든다고 말합니다.

자립준비청년 트라우마

아동양육시설에서 지내던 청소년은 만 18세가 되면 법적으로 보호시설을 떠나 자립해야 하는데, 이러한 청년을 자립준비청년이라고 합니다. 또는 '보호종료아동', '보호종료청년'이라고도 합니다.

      매년 2,000명이 넘는 청년이 시설로부터 독립하고 있습니다. 이들은 독립과 동시에 직업 및 사회생활, 경제적 어려움, 대인관계, 감정 다스림, 건강 등과 같은 여러 가지 어려움을 겪고 있습니다. 그런데 이들의 가장 큰 어려움은 가족이 없기 때문에 겪는 외로움과 고독감입니다. 누군가 멘토가 되어 조언을 하고 인생을 알려 주는 사람이 없다는 것이 가장 큰 어려움인 것입니다. 현재 우리 사회에서는 경제적인 지원 부분에 많이 신경 쓰고 있지만 정서적 지원 관련하여 프로그램 지원이 시급한 상황입니다.

자립준비청년은 세상에 홀로 서야 하는 게 힘이 많이 든다고 합니다. 태양은 매일 뜨고 주변에서 희망을 가지고 살아야 한다고 말하지만 마음먹은 대로 잘 되지 않는 다고 합니다. 고등학교를 졸업하고 보호시설에서 나온 후에는 일자리 찾기도 힘들 었다고 합니다. 겨우 아르바이트를 찾아 밤늦게까지 일하고 집에 들어오면 외롭고 쓸쓸하다고 합니다. 그러나 가장 큰 어려움은 가족이 없으니 상의할 어른이 없다는 것이라고 합니다. 그나마 그림을 그리니까 집중할 수 있고 마음도 밝아지고 시원해 지는 기분이 든다고 합니다.

그림을 그린 자립준비청년은 일을 마치고 나면 한강 다리를 걷다가 밤하늘을 쳐다
본다고 합니다. 휴일이 와도 돈도 없고 갈 곳도 없습니다. 보육원 친구들을 가끔 만
나서 밥을 먹는 것이 유일한 낙이라고 합니다. 서울은 아파트와 상가 불빛으로 항
상 환한데 본인의 마음은 항상 어두운 밤이고, 겨울 날씨처럼 춥다고 합니다.

명절에는 특히 혼자라는 생각이 많이 든다고 합니다. 그래서 외로운 마음이 들
지 않도록 보름달을 유난히 더 크고 밝게 표현한 것 같다고 말합니다.

청소년 우울 및 자살 트라우마

청소년기는 아동기에서 성인기로 넘어가는 과정에 속하는 과도기적 발달 단계로, 급격한 신체적, 심리적, 사회적, 지적, 정서적, 성적 성숙과 함께 자아의식이 발달하고 부모로부터의 독립, 자아 정체감 형성 같은 발달 과업을 가지게 됩니다. 이러한 발달 과업을 수행하는 데서 오는 갈등, 좌절, 불만 등의 상황적 스트레스를 경험하면서 격동적인 감정 변화를 겪게 되는데요, 이러한 청소년기를 일컬어 '질풍노도의 시기' 또는 '제2의 탄생기'라고 합니다. '강한 바람과 성난 파도'에 빗댄 질풍노도의 시기의 청소년은 어른도 어린이도 아닌 중간인의 모호한 정체성으로 인해 여러 불만과 스트레스 상황에 놓이게 됩니다. 그러면서 사소한 일에도 급격한 감정 변화와 정서 불안, 그리고 반항적이고 공격적인 모습을 보입니다.

우울과 스트레스, 청소년기 문제 반응의 대표 증세

청소년의 정서적·행동적 문제 반응의 대표적인 것이 우울과 스트레스 증세입니다. 우울증은 특히 15~18세의 청소년에서 유병률이 가장 높게 나타난다고 하는데요, 청소년 우울은 성인과 달리 우울 감정이 감추어진 형태로 나타나기 때문에 매사에 부정적이거나 반항적이 되고, 무단결석, 가출, 신체 증상 호소, 성적 저하로 위장되어 나타나므로 발견에 어려움이 있습니다.

스트레스와 건강과의 관계에 대한 연구들은 우울이 스트레스에 대한 보편적인 반응이라는 점에서 의견을 같이하고 있습니다. 최근에는 주요 생활 사건보다 사소한 골칫거리 같은 일상적 스트레스가 우울과 더 강한 관련이 있는 것으로 나타났습니다.

청소년기의 우울을 방치할 경우 학습 장애 및 학교 성적 저하, 학교 공포증, 반사회적 행동, 가출, 약물 남용, 행동 과잉, 성적 문란, 비행 등의 문제를 초래할 수 있습니다. 청소년기의 우울증은 성인기의 우울증의 전조가 될 수 있다는 점에서 더욱 주목해야 합니다. 청소년기의 우울은 성인이 되었을 때 사회적 발달, 학문적 이행 등을 수행하는 데 어려움을 줄 수 있습니다. 또한 미래에 대한 불안, 자신의 사고나 행동에 대한 심사숙고 능력의 결여는 높은 자살률과도 연관되어 있습니다. 따라서 청소년기 정서적 상태에 대한 이해와 관심을 더 많이 가질 수 있도록 노력해야 합니다.

가장 극단적인 자기 파괴 행위, 자살

앞서 말했듯이 청소년기는 아동기와 성년기의 특징을 모두 지닌 과도기적 상태이기에 감정과 정서의 기복이 심하고, 이성보다는 감정에 치우치고, 과격한 행동을 표출하는 시기입니다. 이 시기에 과중한 성취 압력, 맹목적인 부모의 기대와 요구, 새로운 문화의 유입과 적응에 따른 심리적 압박을 많이 받은 청소년들은 심각한 스트레스 상황에 놓이게 됩니다. 그리고 적절하게 해소되지 못한 스트레스는 우울과 자살 충동으로 이어지는 경향이 있습니다. 사실 자살은 가장 극단적인 정서적·행동적 문제 반응으로 자기 파괴 행위이기도 합니다.

청소년기에 해당하는 10대의 사망 원인을 보면 운수사고나 질병이 아닌 자살이 1위를 차지하고 있습니다. 15~19세의 청소년기 아이들은 성적과 진학, 친구 관계에서의 따돌림 혹은 가족 안에서 느껴지는 외로움과 고독, 가정불화, 경제적 어려움 같은 이유로 자살 충동을 느낀다고 합니다. 이외에도 갑작스런 스트레스나 어려움을 회피하려는 충동으로 자살을 시도할 수 있습니다. 가정과 사회를 넘어 국가의 미래요 희망인 청소년 중에서 자살을 생각하는 학생이 많다는 것은 이 문제가 일부 극소수의 문제가 아니라 우리 사회가 해결해야 할 위급하고 중요한 사회문제라는 것을 반증합니다.

청소년의 자살은 또래집단으로부터 소외된 청소년들끼리 서로의 처지를 공감할 때 누군가의 자살 제안을 쉽게 받아들이면서 시작될 수도 있습니다. 특히 자아 정체감이 결여된 청소년일수록 쉽게 자살 행위로 이어질 수 있습니다. 일부 매스컴을 통해 전해지는 청소년의 자살 소식은 스트레스에 취약한 10대들에게 자살을 통해 자신의 고민을 빠르고 쉽게 해결할 수 있다는 메시지를 전하기도 합니다. 실제로 다수의 연구에서 미디어가 자살에 대한 기사를 다룬 이후 청소년의 자살률이 증가한 것으로 나타났습니다. 따라서 전문가들은 사회가 자살한 10대를 매력적으로 묘사하거나 지나치게 언급하는 것을 피해야 한다고 말합니다.

이처럼 청소년 자살은 매우 충동적이고 순간적인 특성을 가지고 있습니다. 그렇기에 평소 잘 기능하던 정상적 생활을 하는 청소년들도 갑작스런 스트레스와 어려움에 마주쳤을 때 자신을 적절하게 통제하지 못하고 충동적인 행동으로 자살이나 자살 시도로 이어질 수 있습니다.

청소년의 자살 원인은 다양하지만 보통 개인의 심리적 원인인 불안과 가족의 불화 및 정신질환과 관련이 많습니다. 청소년 자살자의 90~95%에서 기분 장애(우울증), 행동 장애(품행 장애), 경계선 인격 장애, 정신분열병이 나타났으며, 충동성, 편집성, 완벽성, 내성적인 성격 유형과 강한 공격성, 모험심, 폭발적, 경직성이 있는 성격 유형에서도 자살 위험성이 높게 나타나고 있습니다. 성적에 대한 불안과 압박감, 소비와 향락적인 문화의 확산, 기성세대의 통제 및 권위 또한 청소년 자살의 원인이 되고 있습니다.

이처럼 청소년 자살의 특징은 외부의 자극과 변화에 민감하여 이성적으로 계획된 것이 아니라 순간적이고 다분히 감정적, 충동적으로 일어나기 쉬우며, 또 스트레스나 어려움을 회피하려는 욕구, 남을 조종하려는 의도, 가족이나 친구에 대한 보복 등이 자살의 중요한 결정 요인이 될 수 있습니다. 기성세대는 자살을 절대로 해서는 안 되는 금기로 보는 반면, 청소년들은 자살을 인간이 선택할 수 있는 일종의 권리로 여기고 쉽게 자살을 선택한다는 연구 결과도 있습니다. 따라서 청소년기의 자살을 예방하기 위해서는 일상생활의 스트레스를 대처하고 문제를 해결할 수 있는 방법에 대한 적절한 교육을 제공하는 것이 중요합니다.

자살을 예방하기 위한 1차적 방법으로는 청소년의 신체적, 정서적, 사회적 건강을 증진시킴으로써 다양한 자살 위험 요인으로부터 스스로를 보호할 수 있는 삶의 기술과 역량을 강화하도록 도와주는 것입니다. 청소년의 자살 예방을 위해서는 우울의 정도를 낮추는 것과 동시에 자살 생각을 감소시키는 것이 보다 효과적이라 할 수 있습니다. 사실 청소년의 자살 문제는 어느 하나의 영향 요인으로 인해 발생하는 것이 아니라 우울과 스트레스, 자살 충동 등이 복합적으로 영향을 줍니다.

저는 2012년부터 2013년까지 2년 동안 (사)생명보험재단과 함께 자살 시도를 했던 청소년을 대상으로 매해 100명 가까이 우울, 스트레스, 자살 충동, 이 세 가지 요소를 감소시키기 위한 자살 예방 프로젝트를 시행한 적이 있습니다. 그 결과 프로젝트에 참여한 학생들은 2년 동안 단 1명도 더 이상 자살을 시도하지 않았으며, 학교와 가정에서 본인의 역할을 잘 수행해 나갔습니다. 청소년들은 학업과 가정에서의 스트레스를 해소하고, 낮아진 자존감을 살리고, 함께한 선생님들에게 사랑과 돌봄을 받으면서 서서히 변화해 나갔습니다. 프로젝트의 결과물로서 청소년들의 미술치료 그림을 전시했으며, 국회 정책 토론회에서 자살 예방 우수 사례로 발표를 했습니다.

제목: 화산 그리기: 내 스트레스 감정 표현하기

카타르시스는 수 세기 동안 '배설'을 뜻하는 의학 단어로 사용되었고, 근대 정신의
학에서도 적용되고 있습니다. 특히 프로이트 학파의 심리학자들 사이에서는 한 개
인이 과거에 적절하게 표현하지 못한 어떤 사건과 관련된 깊은 감정을 표현하는 행
위를 카타르시스라 합니다. 카타르시스는 또한 현재의 문제를 유발하는 근원적인
감정을 표현하는 것이기도 합니다. 이는 종종 폭력적인 움직임을 나타내는 행동을
통해 표현됩니다. 그동안 만난 자살 충동을 느낀 청소년들과 화산 그림 그리기 프
로그램을 진행했습니다. 이를 통해 마음에 쌓여 있던 스트레스, 우울함, 불안감, 긴
장감과 같은 감정을 표현하고 해소함으로써 마음을 정화할 수 있었습니다.

제목: 내 모습 표현하기

오스트리아의 심리학자 알프레드 아들러Alfred Adler (1870~1937)는 인간은 누구나 어느 면에서는 열등감을 느끼고 있지만 이를 극복하는 것이 창조력과 자기완성을 이루어가는 중요한 원천으로 보고 개인의 능동적인 의지나 노력을 중요시했습니다. 신념과 자기 지각에 초점을 맞춤으로써, 트라우마 치료사는 청소년들이 열등감과 낮은 자기 개념을 극복할 수 있도록 도울 수 있습니다.

　사람들은 다양한 환경에서 생활하므로, 매 상황마다 일관되게 자신의 긍정적인 모습을 확인하면서 살기 어려운데요, 미국의 사회심리학자 클로드 스틸Claude Steele (1946~)은 사람들은 자신의 통합성에 부응하지 못하는 정보를 접하는 경우 자신의 긍정적 가치를 재확인하고자 한다고 보았습니다. 그리고 이러한 가치를 다른 면에서 재확인할 수 있다면 통합적인 자아의 긍정적인 모습을 견지할 수 있다고 합니다. 그림을 통해 내 모습 표현하기 프로그램을 진행했을 때 자신에게서 긍정적인 모습을 찾으려고 하는 청소년들의 모습을 확인할 수 있었습니다.

학교 트라우마

집단따돌림과 학교폭력 트라우마

학교에서의 집단따돌림과 학교폭력은 한 개인과 학교 차원을 넘어 우리 사회 전체에 큰 문제가 되고 있습니다. 사춘기 시절 학교폭력을 당한 아이들은 정신적 충격으로 인해 학교생활의 어려움뿐 아니라 인생에 있어서도 큰 트라우마를 가지게 됩니다. 이들은 대인관계, 학업, 진로 등에도 큰 어려움을 겪게 됩니다.

가장 예민하고 건강하게 자라야 할 아이들이 또래로부터 받은 상처는 이후 더 큰 사건으로 발전하기도 하고, 이런 안타까운 상황이 언론을 통해 보도되기도 합니다. 학교폭력을 다룬 드라마 〈더 글로리〉를 보면 집단따돌림에서 시작해 갈수록 잔인한 방식으로 친구를 괴롭히는 내용이 나옵니다. 이것은 우리 사회에 공감 능력이 부족해서 생기는 현상이라고 봅니다. 공감 능력이 부족한 까닭은 우리 사회가 아이들에게 정서적 인성교육보다 지적인 학습교육만을 강조해 교육한 결과라고 생각합니다.

학교폭력 가해 청소년을 만나서 상담을 해보면 학교폭력을 대수롭지 않게 생각하는 모습을 봅니다. 자신에게 괴롭힘을 당한 친구가 병원에 가고, 그 피해자와 피해자의 부모님이 힘들어하는 모습을 보아도 "제가 때린 게 그렇게 아플 줄은 몰랐어요", "제가 도대체 뭘 잘못했는데요?"와 같은 의외의 반응을 보이기도 합니다.

학대를 경험한 학생들의 위험한 자해 행위

아동기 학대를 경험한 아이들이 반복적으로 자해를 하거나 충동적으로 신체에 공격을 가하는 경우가 있는데요, 자해 행위는 초기 학대가 시작된 아동 시기부터 시작해서 청소년과 성인에 이르기까지 이어지기도 합니다. 처음 자해를 시작할 때는 거의 고통이 없다고 말합니다. 이는 신체적 고통이 정신적 고통을 대치하기 때문입니다. 반복적인 자해는 마음이 안정되고 안도감이 생길 때에 멈추게 됩니다.

최근 한국에서도 청소년 자해가 심각한 문제로 떠오르고 있는데요, 자신의 존재감을 느끼기 위해, 공동체의 소속감을 느끼기 위해, 그리고 불안한 현재 심리 상태에서 벗어나기 위해 신체적 가해를 가하는 것을 볼 수 있습니다. 반복적인 자해는 자살과는 구분됩니다. 자해는 죽음에 대한 의도적인 시도라기보다는 힘든 정서적 고통을 완화시키고, 일종의 자기 보존 방식으로 작동한다고 볼 수 있습니다.

학교 공동체를 해치는 '괴물 부모'

요즘 학교 현장에서 나타나는 또 하나의 폭력 문제는 교사를 대상으로 한 경우가 많습니다. 2023년 서초구의 한 초등학교에서 20대 교사가 스스로 목숨을 끊은 사건이 있었습니다. 숨진 교사는 학부모의 악성 민원에 시달렸다는 의혹이 제기되었는데요, 이처럼 부모의 갑질과 무너진 교권이 사회적으로 크게 문제가 되고 있습니다. 이는 한국뿐 아니라 일본, 홍콩, 대만 등 아시아권 국가에서 공통으로 나타나는 현상으로, 자녀의 이익만을 위해 악성 민원을 넣는 부모들의 집단을 '괴물 부모Monster parents'라 부르기도 합니다. 괴물 부모가 탄생한 것은 신자유주의의 영향과 낮은 출생율, 그리고 극심한 학벌경쟁과 성과주의 때문이라고 합니다.

심지어 학생에게 욕을 먹거나 폭력을 당한 교사들의 이야기가 종종 언론에 보도되기도 합니다. 다수의 교권 침해 사례들을 통해 교육환경 개선에 대한 사회적 논의가 지속되고 있지만, 아직도 많은 교사들이 스트레스를 받고 있는 것이 현실입니다. 교사들의 스트레스가 완화되어야 교육의 질이 높아진다는 것은 자명한 사실입니다.

명화를 보고 그림을 재구성하는 프로그램을 진행했을 때입니다. 학교폭력과 집단
따돌림에 시달리던 학생이 프라 안젤리코Fra Angelico(1390~1455)의 〈수태고지受胎告知〉
작품을 골랐습니다. '수태고지'는 마리아에게 천사가 나타나서 아들을 낳으리니 그
이름을 예수라 하라며 잉태 소식을 알려 주는 장면을 그린 그림을 일컫습니다. 학
생에게 왜 이 그림을 골랐냐고 물었더니 "교수님, 이것 보세요. 선배 언니가 팔짱을
끼고, 너 알았어? 몰랐어? 하고 다그치는 모습이에요. '무조건 잘못했어요'라고 말
하는 제 모습을 표현했어요"라고 답했습니다. 학교폭력, 집단따돌림의 트라우마로
인해 괴로워하는 모습에 참 안타까웠습니다.

학교폭력은 개인이 끊어내기에는 너무나 어려운 문제입니다. 부모님이나 선생님께 이야기하는 것도 쉽지 않습니다. 말하는 것 자체가 두렵기 때문입니다. 그러나 주변에 빨리 도움을 요청하는 것이 이 문제를 해결할 수 있는 가장 빠른 방법입니다.

그림은 학교폭력 피해자인 학생이 먹을 통해 자신의 마음 상태와 당시의 상황을 표현한 것입니다. 아름다운 그림 위에 그려진 거미처럼 보이는 것은 피해자 학생이 자신의 몸과 마음을 자기 마음대로 조절할 수 없는 상황을 표현한 것입니다. 색은 온통 무채색인데, 이는 항상 우울하고 어두웠으며 공포에 시달렸던 것을 나타낸 것이라고 합니다. 그림 그린 학생은 나중에 부모님께 학교폭력을 당한 사실을 말씀드려 공론화했지만 지금도 학교에 가는 것, 가해자 친구들을 보는 것이 무섭다고 합니다. 또 복수할까 봐 더 두렵다고 합니다. 상처를 치유하는 시간이 오래 걸리겠지만 집과 학교에서 피해자 학생을 안심시키고, 학교생활에 잘 적응할 수 있도록 섬세하게 도와주어야 할 것입니다.

소방관 트라우마

현대 사회에서 직무 스트레스 및 정신 건강 문제가 중요한 화두로 떠오르면서, 특히 재난 스트레스에 상시 노출되어 있는 소방공무원들의 심리 지원에 대한 필요성이 제시되고 있습니다. 소방공무원은 화재를 예방하거나 진압하고, 재난, 재해 그 밖의 위급한 상황에서의 구조 및 구급활동을 통하여 국민의 생명과 신체, 재산을 보호함으로써 공공의 안녕질서 유지와 복리증진에 이바지함을 목적으로 하는 공무원입니다.

소방공무원은 재난 현장에 대한 긴장감, 불안감, 긴박감 등과 함께 24시간 출동대기와 잦은 출동 등 업무 특성에 의한 강한 신체적, 정신적 압박감을 겪고 있습니다. 참혹한 사고 현장과 생사고락을 같이하는 동료의 순직, 영유아의 사망, 상해 현장 목격 등은 쉽사리 잊히지 않게 되고 지속적인 심리적 고통을 유발하기도 합니다. 이러한 스트레스가 적절히 관리되지 않았을 때에는 수면장애, 멍한 상태, 우울증, 해리 증상 등이 나타나며, 지속적인 트라우마는 PTSD 진단으로 이어지기도 합니다.

2013년 36,895명의 소방공무원을 대상으로 특수건강진단을 실시한 결과, 4,462명(13.9%)이 스트레스 장애 위험군으로 분류된 것으로 조사되었으며, 소방공무원의 자살도 2009년 9명, 2010년 6명, 2011년 9명, 2012년 6명, 2013년 5월 현재 4명으로 최근 5년간 34명이나 발생하는 등 자살률이 감소하지 않고 있습니다.

외국에서는 외상 후 스트레스 수준이 높은 대형 참사 사건에 투입된 이후에는 적절한 휴식시간을 보장하는 등의 제도를 마련할

뿐 아니라 외상 후 스트레스를 예방·치료하기 위한 프로그램을 개발하여 체계적으로 적용하고 있습니다. 그 결과 대상자의 외상 후 스트레스 수준이 감소되고, 심리적 안정을 되찾게 되었으며, 신체적 건강, 영적 건강 및 대인관계에 긍정적인 효과를 주어, PTSD로 발전하는 것을 예방하는 결과를 보여주고 있습니다.

심리적 외상은 선명한 시각적 이미지를 동반하는 일이 특히 많으며, 이러한 이미지는 장기적으로 기억되는 특징을 갖습니다. 사고로 인한 외상이나 정신적인 충격 때문에 사고 당시와 비슷한 상황이 되었을 때 불안해지게 되며, 심리적 외상은 종종 언어가 차단되어 비언어적인 시각(이미지)으로 기억되고, 시각적 재현이 일어납니다.

소방관은 주로 시신이나 화재 사건 등 시각적인 충격들을 많이 기억하고 있습니다. 1995년 6월 삼풍백화점 붕괴 당시의 상황을 경험한 소방관에게 물어보니 재난 현장이 마치 시루떡 같았다고 말하며, 사람들 한 줄, 건물 한 줄의 붕괴 장면이 잊히지 않는다고 합니다. 실제 소방관들의 가장 큰 트라우마는 구조 현장에서 구하지 못한 어린아이의 모습이고, 진압 시 나오지 못한 동료 직원의 죽음이라고 합니다.

세월호 참사 당시 트라우마가 심한 구급대원들의 미술치료와 그 외 서울시 소방공무원을 대상으로 한 미술치료를 실시했었는데요, 미술치료는 소방관들의 정서 안정, 불안감과 긴장감의 해소, 직무 스트레스 완화, 적응 능력을 강화하는 데 도움을 줄 뿐 아니라 사고의 충격에서 벗어나 건강한 사회구성원으로 복귀할 수 있도록 도움을 줍니다.

그림은 2014년 4월 세월호 사건 당시의 상황을 표현한 것입니다. 그림을 그린 소방관은 사건이 일어난 후 초기에 진도에 갔었고, 서울까지 구급차로 시신을 옮겼다고 합니다. 진도에 도착했을 때 곳곳에서 통곡소리가 들렸는데 그 소리가 너무 슬프게 느껴졌다고 합니다. 자신은 구급차 안에서 대기하고 있었고 통곡소리 때문에 내릴 수 없었다고 합니다. 회색은 보수적이고 조용하며 고용한 성질을 갖는 무생명의 분위기를 자아내는 컬러인데, 회색의 자갈밭을 표현하며 이 장면에서의 분위기를 표현해 주고 있습니다.

시신을 차에 태우고 서울로 가는 길에서는 더 잊을 수 없는 감정을 느꼈는데, 특히 어두운 터널 안을 지날 때 덜컹거리는 차 안에서 관 속에 있는 시신이 충격을 더 받지는 않을까 하는 생각을 했다고 합니다. 뒤쪽을 돌아봤지만 터널 속 여러 가지 불빛에 비친 흐릿한 환영에 두려움이 생겼고, 무서웠다고 합니다. 검은색은 부정적이고, 어두움, 슬픔, 죽음의 감정을 상징하는데, 자신의 감정과 겹쳐져 어두운 터널에서 공포를 더 크게 느낀 것으로 생각됩니다.

그림의 상황은 그림을 그린 소방관의 자기 집일 수도 있으며, 만약 자신의 집에 이렇게 큰 화재가 난다면 어떻게 해야 할지 모른 채 쳐다만 보고 있을 것 같다고 말합니다. 왼쪽 부분 집 옆에 도로를 표현하면서 '일방통행'이라는 문구를 적어 넣었는데, 이는 평소 정해진 규칙에 반하는 행동을 하는 것을 싫어하는 모습이 반영된 것임을 알 수 있습니다. 길은 일방통행인데 이 상황에서 어떻게 하면 자신에게 도움을 빨리 줄 수 있을지 생각한다고 합니다.

처음에는 붉은 기와지붕에 시멘트 벽으로 이루어진 집을 상상했고, 불은 활활 타오르고 있지만 맑은 하늘을 표현하려 했으나 완성하고 나니 정작 원래 생각했던 분위기는 아니라고 합니다. 집의 모습을 강조하기 위해 크레용으로 다시 선을 그린 뒤 물감으로 채색을 했습니다. 불의 모습을 강조해 표현하려고 했고, 갈색은 심리적으로 감정에 대한 억압이나 두려움을 완화시켜 주는 컬러인데, 전반적으로 갈색이 많이 사용되어 자신이 느끼고 있는 감정을 완화하려는 것으로 판단되며, 직업 스트레스와 트라우마가 심한 것을 알 수 있습니다.

군 트라우마

장병들의 정신·심리적 문제는 전쟁 시에만 발생하는 것이 아닙니다. 다양한 사건 및 사고들을 통해서도 발생할 수 있기 때문에 최근 군에서는 군인들의 정신적·심리적 치유를 중요하게 여기고 있습니다. 군과 관련된 사건 사고가 발생하면 군의 장병들뿐만 아니라 희생자 유가족과 지역 사회에 미치는 영향도 상당합니다. 저는 오랫동안 군 트라우마 관련해서 다양한 치료 프로그램을 실시하고 연구를 통해 병사들의 입대 적응 능력을 향상시키고, 스트레스 완화와 심리 안정, 조직생활의 적응을 비롯해 트라우마 치료 및 예방 등을 위해 노력해 왔습니다. 여기서는 군 트라우마 치유 과정의 미술치료 자료를 통해 어떤 트라우마가 있는지 살펴보고자 합니다.

구제역 살처분 트라우마

2010년 군부대에서 구제역 살처분 트라우마 치료를 최초로 시작했습니다. 구제역 살처분에 참여한 공무원과 병사들을 대상으로 한 최초의 심리치료였습니다. 이천시와 인근 부대에서 구제역 살처분에 동원된 공무원과 부대 병사들이 다양한 트라우마 증세를 보이고 있었습니다. 이들은 밤에 동물의 울음소리가 환청처럼 들리고, 갑자기 분노하고 우울해하였으며 악몽에 시달리고 있었습니다. 거의 매일 반복되는 구제역 살처분에 동원되면서 모두 지쳐 있었습니다.

당시 살처분되는 돼지는 포크레인으로 쳐서 죽였고, 닭은 직접 목을 잡고 비틀어서 죽였는데, 죽지 않으려고 몸부림치는 동물들

의 모습을 보면서, 그리고 살처분을 마치고 나면 차가운 겨울 날씨에
도 따뜻한 공기가 땅에서 모락모락 올라오는 것을 보면서 동원된 공
무원과 병사들이 많이 힘들어했습니다. 돼지들을 구덩이에 넣고 살처
분하는 모습이 마치 사람을 생매장한 진시황의 분서갱유가 생각났다
는 병사도 있었습니다. 흙을 단단히 덮었음에도 간혹 피를 흘리며 다
시 기어 올라오는 돼지도 있는데, 그 모습을 본 사람들은 모두 심각
한 트라우마를 겪고 있었습니다. 공무원 중에는 꿈에 딸이 나와서 춤
을 추는데 몇 바퀴 돌자 돼지로 변해서 본인을 괴롭히기도 하고, 돼지
고깃국을 다시는 못 먹겠다는 사람들도 나왔습니다. 꾸준한 심리치료
덕분에 마지막에는 심리 안정과 집중력이 많이 회복되었습니다.

그림은 굴삭기를 이용하여 웅덩이를 파고 돼지를 살처분시키는 장면입니다. 흙을 덮어도 그 위로 올라오는 돼지도 있었고, 그 당시 돼지의 울음소리(비명)가 듣기 상당히 괴로웠다고 합니다. 이 장면을 보면서 슬퍼하거나 인상을 쓰는 사람이 있는 반면 웃고 있는 사람도 있었다고 합니다. 그림을 그리면서 어두운 색상을 선택하였고, 마지막 돼지 매몰지를 표현할 때는 적갈색의 물감을 원했고, 첫 번째 그릴 때와는 달리 과감하게 그렸지만 첫 번째 그림과 같이 어두운 계통의 색깔만 사용했습니다. 그림을 그리면서 죄책감과 스트레스에 대해 본인의 마음이 어느 정도 안정되었다고 합니다.

그림 그린 이가 거미줄 한가운데 자신의 모습을 표현한 것입니다. 검은색의 강한 거미줄 안에서 붉은색으로 사람을 표현했습니다. 그물이 촘촘하게 얽혀 있어서 빠져나올 수 없는 상황이라고 합니다. 답답한 마음과 함께 살처분된 동물들 역시 빠져나갈 수 없는 상황임을 함께 표현하고 있습니다.

천안함 피격 사건 트라우마

2010년 3월 26일 21시 22분경 백령도 서남방 2.5km 해상에서 해군 제2함대사 소속 천안함(PCC-772)이 북한 잠수정의 기습 어뢰공격으로 침몰하여 승조원 104명 중 46명이 전사하고 58명이 구조된 사건이 일어났습니다. 실종된 가족을 애타게 기다리며 간절하고 안타까운 심정을 그린 가족들의 그림을 분석했습니다.

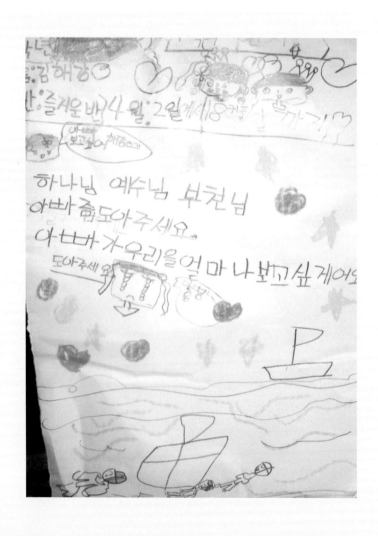

이 그림은 천안함 사건의 유가족 그림 중 하나로, 상단부는 밝은 일상생활 모습을 표현하고, 웃는 표정으로 아빠를 위해 간절한 기도문을 말하고 있는 모습을 그렸습니다. 그러나 중간 부분의 '도와주세요'라며 눈물을 흘리고 있는 모습을 통해 아빠에 대한 그리움, 걱정, 그리고 구조에 대한 간절한 소망을 표출하고 있습니다.

'아빠 보고 싶어'라고 말하고 있는 모습보다 중간 부분의 눈물 흘리는 모습이 크게 표현된 것은 아빠의 생존에 대한 걱정이 강하게 드러난 것이라고 할 수 있습니다. 일상적인 이야기로 시작되었으나 아랫부분으로 내려갈수록 그림의 내용에 슬픔과 바닷속 현실이 그려지면서 점차적으로 억압되어 있던 불안한 현실에 대한 감정이 자연스럽게 드러난 것으로 볼 수 있습니다.

분홍색, 주황색의 하트 모양은 아빠에 대한 사랑을 표현한 것으로 보이며, 노란색의 별은 밤새 이루어지는 구조 작업이 좋은 결과로 나타나기를 바라는 희망적인 메시지를 전달하고 있습니다. 이는 아빠의 생존에 대한 기대를 밝은 색채로 표현한 것으로 보입니다. 깊은 바닷속에 가라앉은 배는 무겁고, 균열되어 있는 것으로 표현하였습니다. 그러나 당시 구조를 더디게 하고 있는 높은 파도와 비바람을 사실적으로 표현하지 않고, 오히려 약한 선으로 부드럽게 표현함으로써 잔잔하고, 약한 바다로 그려 아빠가 구조되는 데 어려움이 없기를 바라는 간절함이 무의식 가운데 드러나고 있습니다.

바다 위에 떠 있는 배는 구조선으로 보이며 누군가 아빠를 구조해 줄 것이라는 희망을 표현하고 있습니다. 그러나 이미 구조선의 방향은 가라앉아 있는 배를 지나친 것으로 묘사되어 구조에 대한 걱정이 드러난 것으로 보입니다. 배 아래쪽에 위치한 사람은 움직이지 않고 이미 죽은 모습처럼 묘사된 반면, 왼쪽에 있는 인물은 가장 크고 진하게, 그리고 밝은 표정으로 묘사하여 마치 살아 있는 듯이 표현했습니다. 그것이 아빠의 모습이기를 바라는 마음이 드러난 것으로 보이며, 물살을 따라 움직이듯이 표현함으로써 희망을 갖고 있는 것으로 보입니다. 전체적으로 아빠가 살아 돌아올 것이라는 희망과 더불어 구조에 대한 불안과 걱정의 양가감정이 지배적으로 드러나고 있습니다.

연평도 포격 도발 사건 트라우마

2010년 11월 23일 연평도에 북한군이 선전포고 없이 포격하는 사건이 발생했습니다. 이 연평도 포격으로 인해서 온 마을이 불이 나고 땅이 갈라지는 듯했습니다. 주민들은 인천의 가장 큰 찜질방으로 대피해 이곳에서 모두 공동생활을 시작했습니다.

어른들은 회의 시간이 많았지만 아이들과 청소년들은 마을과 집이 불타고 피난 왔다는 것에 놀라움과 불안에 떨고 있었습니다. 따라서 주로 아이들과 청소년 심리 안정을 위한 프로그램을 임시 거처인 찜질방에서 진행했습니다.

제목: 우리집이 불탄다

갑자기 마을에 "꽝!" 하는 폭음이 들리더니 마을 전체에 불이 났다고 합니다. 가족들과 동네 사람들이 피난을 나와 인천에서 가장 큰 찜질방으로 이동하게 되었는데, 뒤돌아보니 마을이 불에 휩싸여 있었고, 회색 연기가 온 마을을 덮은 모습이었다고 합니다. 그림은 붉은색으로 불길을, 회색으로 그림 전체를 덧칠한 것을 볼 수 있습니다.

　　너무 많이 놀라고 불안한 심리 상태를 잘 알 수 있습니다. 그림을 그린 아동은 처음에는 수동적으로 참여했으나 "우리 집이 무너졌어요!"라고 강조하듯 이야기하였습니다. 그림은 '자신의 집에 폭탄이 떨어져 집이 무너지는 장면을 그린 것'이고, '대피소에서 그 모습을 보며 무섭고 충격적이었다'는 감정적인 표현도 했습니다. 전반적으로 그림을 빽빽하게 그려넣어 마치 면을 구성하는 것처럼 그리고, 전체를 지그재그로 색칠한 것으로 볼 때 외상 경험과 관련하여 높은 내적인 긴장감을 가지거나 공격적, 적대감이 있을 가능성이 높습니다. '그림으로 그리고 나니 속이 시원하다'며 그동안 감정을 상당히 억압하고 있었을 것으로 보입니다.

제목: 마을에서 탈출

그림을 그린 아이는 마을이 갈라지고 불길에 휩싸여서 아빠 손을 잡고 동네에서 빠져나왔습니다. 아무것도 가지고 나오지 못하고 아빠 손만 꼭 잡고 나왔다고 합니다. 뒤쪽 마을은 모두 붉은색으로 불길이 치솟고 있는 것을 보여줍니다. 회색으로 표현한 길로 빠져나오는 모습을 그렸습니다. 앞으로 올수록 회색 길이 넓어지도록 표현하였는데, 이는 원근감 표현과 함께 안전하게 나왔다는 안도감을 표현한 것입니다. 아이는 나오면서도 불타는 마을을 계속 바라보았다고 합니다. 그리고 너무 무서웠다고 합니다.

강원도 GOP 총기 난사 사건 트라우마

2014년 6월 21일 강원도 고성군에 위치한 22사단 55연대 13소초에 임○○ 병장이 수류탄을 던지고 총을 발사하여 5명 사망하고 7명 부상당한 사건이 있었습니다. 당시 저는 부대 병사들의 트라우마 치료를 실시했습니다. 임 병장은 군대 들어오기 전에도 대인관계에 어려움을 겪고 있었습니다. 군복무를 시작하기 전부터 가지고 있는 여러 문제가 공동생활과 자유롭지 못한 부대에서 스트레스로 촉발되어 발현되는 경우가 많습니다. 군 특성상 큰 문제가 발생될 수 있기 때문에 군과 지도자는 정신 건강 및 마음 건강에 특히 관심을 가져 주어야 합니다.

달이 뜬 밝은 밤하늘에 갑자기 번개가 치고, 비가 내리는 장면을 그리며 당시 상황을 표현하고 있습니다. 왼쪽에 자신의 모습을 그려넣었는데, 존재감을 작게 표현했습니다. 병사는 그림을 그리면서 부모님을 비롯하여 사랑하는 사람들 생각이 많이 났다고 합니다.

이 그림은 총기 난사 사건 피해자 병사가 꾸준히 치료를 받고 나서 자신의 마음 상태를 그린 것입니다. 자신의 마음이 물가에 비친 자연물 모습처럼 평안하다고 말했습니다. 전체적으로 칠해진 노란색은 치유의 색이며, 희망의 색이기도 합니다. 그림 그린 이는 마음의 평정을 찾고자 열심히 치료 프로그램을 따라왔던 병사였습니다.

군 부적응 병사의 트라우마

국군수도병원 정신건강센터에서 2010년부터 주 2회 임상미술 치료를 실시해 왔습니다. 심리사회적 적응·재활에 특성화되고 전문화된 인력을 군 부적응 병사에게 배치하여 밀착형 중재를 통해 직접적인 지원 및 사례 검토가 이루어지고 있으며, 전문성을 갖춘 민간 기관과 협력적 관계를 이루고 있습니다.

군 부적응 병사들은 작품을 통해 자신들의 상태를 다양한 상징으로 표현하는데, 특히 자기 자신에 대해서는 작고 약하고 위축된 모습으로 표현하며 내·외적 갈등이나 행동 양식에 대한 정보를 제공하기도 합니다. 이런 정보를 토대로 치료 시 군 내에서의 격리된 감정과 사고를 객관적으로 인식할 수 있게 하여 감정과 사고를 연결시키고, 긍정적 표현으로 전환하여 부정적 감정을 감소시켜 주요 부적응 증상에 대한 전환을 유도할 수 있습니다.

군 부적응으로 자기 자신을 학대하는 병사들은 왜곡된 자아상과 가치관을 가지고 비관적인 태도로 공격적이고 자학적인 행동을 합니다. 이러한 병사들은 임상미술치료를 통해 감정의 부정적 표출방법을 완화시키고, 긍정적 자아상을 확립하여 적응을 도울 수 있었습니다.

이 그림은 과거, 현재, 미래를 그린 그림입니다. 병사는 자신의 과거(8~19세)를 여기저기 생채기 입은 나무 그림을 통해 가족과 친구들에게 상처 입은 자신을 표현했습니다. 현재(20~23세)는 사회에서도 군대에서도 욕먹고, 상처 입은 뒤 가지고 있던 자존심이 무너져서 불타 버리고 피바람이 부는 나무로 표현했습니다. 미래는 언제가 될지 모르겠지만, 큰 나무로 자라 있고 그 안에 벌레들과 공생하면서 벌레들을 지켜주고 싶다고 말했습니다.

과거와 현재의 이미지에서 날카롭고 공격적인 선들이 많이 표현되어 부정적 감정을 최대한 드러내고 있습니다. 특히 과거의 그림에서는 내부에서의 선들로만 표현했는데, 이를 통해 자기 자신을 학대하는 방법으로 환경적인 스트레스를 해소하고 있음을 알 수 있습니다. 현재는 그러한 자학 상처들과 맞물려 나무가 부러져 쓰러져 있는 모습을 통해 스트레스가 극한에 다다랐음을 표현했습니다. 하지만 미래는 회복된 자신이 다른 이들을 도와주는 모습으로 표현하며 스스로에게 희망을 주고 회복에 대해 긍정적으로 인식하고 있음을 나타내고 있습니다.

'멍청한 인간들 괜한 짓을 해서 괴물들이 나와서 사람을 잡아먹고 죽이고 멸망시킨다'는 제목의 이 그림은 동굴 안에서 괴물이 나와서 동굴 밖의 사람을 죽이는 것을 묘사한 것이고, '나'는 이 장면을 바라보는 사람이라는 설명을 통해 직접적으로 스트레스에 대응하지 못하는 자신을 표현한 것으로 보입니다. 또한 동굴 안의 괴물이 주변 환경에 영향을 받아 부정적 행동을 보이고 있는 것은 자신이 외부 환경에 영향을 받아 보이는 부정 행동임을 알 수 있습니다. 상반된 두 표현을 통해 스트레스에 대응하는 자신의 소극적 대처 방법을 드러내고 있습니다. 작품 제목에서 '괜한 짓'은 사이비 종교나 무당이나 귀신을 현실세계로 불러오는 행동을 말하며, 이는 군에서의 적응을 위한 노력이 좌절되고 있음을 표현한 것입니다. 작품 속 설명에서 사람들을 잡아먹고 죽이고 멸망시키는 것은 외부로 표출될 수 있는 공격적 성향을 나타낸 것으로, 이것은 부정적 감정과 스트레스의 해소가 절실히 필요한 상황임을 시사하고 있습니다.

중독 트라우마

중독에는 여러 가지가 있습니다. 여기서는 우리 사회에 최근 크게 문제가 되고 있는 도박중독, 게임중독 트라우마에 대해 다루겠습니다.

도박중독 트라우마

　최근 도박에 중독되는 연령대가 점점 낮아지고 있어 사회적으로 문제가 되고 있습니다. 이들의 증세를 보면, 도박에 대한 집착이 크며, 흥분 상태를 유지하기 위해 액수를 늘리면서 도박하려는 욕구가 큽니다. 또한, 도박을 조절하거나 그만두려는 노력을 반복적으로 실패하고, 도박을 줄이거나 그만두려 하면 안절부절 못하거나 과민해집니다. 지금 당면한 자신의 문제에서 도피하기 위해 도박을 하는 경향이 있으며, 도박으로 잃은 돈을 만회하기 위해 다시 도박을 하기도 합니다. 주변 사람들에게 도박하는 것을 숨기기 위해 거짓말을 하고, 이로 인해 중요한 과제나 직업적, 교육적 기회 등을 포기하거나 얻지 못하게 됩니다. 도박으로 야기된 절망적 경제 상태에서 벗어나고자 남에게 의존하는 경향이 큽니다.

　도박중독의 개인적 요인으로는 유전적 요인과 성장기 외상 경험, 개인의 스트레스 대처 방식 등의 특성이 있습니다. 도박과 유전적 상관관계에 대한 한 연구에 의하면, 도박중독자의 부모를 살폈을 때 부모의 도박중독 경험이 20% 이상이라고 합니다. 개인이 사회에서 받는 스트레스를 해소하기 위해 도박에 빠지는 것은 유전적인 영향보다는 가족의 영향이 더 큰 것이라고 볼 수 있습니다.

그렇다면 도박중독은 치료가 가능할까요? 치료에서의 회복의 의미는 완치나 고통이 완전히 사라지는 것을 의미하는 것이 아니라 새롭고 가치 있는 자기의식과 삶의 목적을 얻게 되는 체험 과정을 의미합니다. 이는 주관적이고 내적인 측면의 변화라 볼 수 있습니다. 강원랜드 KL 도박중독 치료 프로그램을 담당했을 때 저는 도박을 끊는 것, 자기 신념으로서의 회복, 삶의 의미와 가정으로의 복귀, 깊이 내재되어 있는 자신의 상처를 찾고 치유하기, 건강한 스트레스 대처 방식 배우기를 목표로 프로그램을 진행했습니다.

사람들은 도박에 의한 성공 경험이 있을 때 도박에 빠지게 됩니다. 그 이유를 좀 더 자세히 살펴보면, 먼저 신체적인 측면에서 도파민이 과도하게 분비되어 도취감과 쾌감이 강하다는 것입니다. 또한 도박중독자들은 현실 회피, 충동성, 스트레스 대처 방식의 오류로 도박을 자꾸 선택하게 됩니다. 많은 사람이 처음에는 호기심으로 참여했다가 조금씩 잃어버린 돈을 다시 찾고자 헤어나올 수 없는 상태가 되어 버립니다. 도박 자금 마련을 위해 여러 가지 방법이 동원되는데, 돈을 훔치거나, 심지어 돈을 벌기 위해 몸 또는 장기를 파는 사람도 있다고 합니다.

사실 도박중독자들이 그린 그림에 가장 많이 나오는 것이 집입니다. 여기에는 내가 돌아가고 싶은 곳은 집(가정)이라는 심리와 도박 자금을 마련하기 위해 집을 팔았기 때문에 집에 대한 아쉬움이 남는다는 이중적인 심리가 반영되어 있습니다. 그외에 돈, 자신의 화려한 모습과 초라한 현재 자화상이 많이 나왔습니다. 도박을 하는 장면들은 검은색, 하지 않는 시간에는 자연물과 흰색 사용이 많았습니다. 노후는 집으로 돌아가 농사 지으며 편안하게 살고 싶다는 사람들이 대부분이었습니다.

그림은 하루에도 몇 번씩 흔들리는 마음을 붙잡으려는 도박중독자의 마음 상태를 표현하고 있습니다. 그림을 그린 이는 금전적인 문제와 신체적인 고통으로 인해 도박중독 전으로 자신이 돌아갈 수 없다는 불안감 때문에 신앙에 의지하는 생활을 하고, 흔들리는 마음을 다잡으려 한다고 합니다.

게임중독 트라우마

인터넷이 보편화되고 각자의 방을 가질 수 있는 환경이 갖추어지면서 많은 청소년들이 게임중독에 빠져 있을 뿐만 아니라 게임중독에 빠지는 연령대도 점점 낮아지고 있습니다. 게임을 하기 시작하면 중간에 멈출 수가 없고 계속해서 게임을 하게 됩니다. 게임중독에 빠지게 되면 자존감이 떨어지거나 우울증이 나타납니다. 그리고 폭력성이나 선정적인 장면 등을 통해 정서적 문제가 생길 수 있습니다.

게임중독 등 중독과 인터넷중독의 뇌 구조에 대해 팝콘브레인Popcorn brain이라는 용어를 많이 사용합니다. 미국 워싱턴대학교 데이빗레비David Levy 교수가 만들어낸 용어인데요, 팝콘이 열을 만나면 톡톡 터지듯, 뇌가 강렬한 자극에만 반응하고 일상생활에는 무감각해지는 현상을 말합니다. 자극적인 영상에 노출되면 뇌의 전두엽이 반응하여 도파민이 분비되며, 반복 노출되면 내성이 생겨서 일상생활에 흥미를 잃게 됩니다. 이러한 현상은 나이가 어릴수록 심하게 나타나는데, 뇌가 제대로 발달하지 않은 영유아기에는 타인과 교감하는 정서 발달이 더디게 되거나 집중력이나 인내, 참을성이 줄어들고 난폭한 모습이 드러나는 등의 문제가 생길 수 있습니다.

게임중독의 주요 증상으로는 집중력 저하, 사회적 고립, 대인관계 문제 등이 있습니다. 전문가들은 게임중독에 빠지면 뇌의 해마 기능이 떨어지고 노후에 치매 등에 걸릴 확률이 높아진다고 합니다. 예방이나 치료 방법으로는 가족 및 친구와 친근한 관계 맺기, 가족의 적극적 관심과 지원, 건강한 대외 활동 및 건전하고 생산적인 일들에 관심을 돌리는 것 등이 있습니다.

제목: 발로란트로 세계 1등 도전

그림을 그린 게임중독자는 밥 먹고 자는 시간 외에 대부분을 게임하는 데 보냅니다. 다른 일에는 흥미도 없고 시간 개념도 없이 게임만을 합니다. 게임 말고도 다른 일들을 하면서 시간 조율을 하는 방법을 알려 주어 아이가 생활에서 중요한 일의 순서에 맞추어 시간 관리를 할 수 있게 도와줄 필요가 있습니다. 친구들과 함께하는 외부 활동도 적극 권유해 줄 필요가 있습니다.

성폭력 트라우마

병원에서 근무를 시작하면서 임상미술치료로 처음 접한 환자가 성폭력을 당한 아동이었습니다. 어느 날 성폭력으로 인해 초등학교 1학년 여아가 급히 산부인과로 후송되어 왔습니다. 퇴근 무렵 아이가 잠든 모습을 보게 되었습니다. 자면서도 흠칫흠칫 놀라면서 가끔 흐느끼는 모습에 눈물이 났습니다. 참 안됐다. 이러면서 늦은 시간 병원 문을 나섰습니다.

다음 날 출근하니 이 여아를 제가 보면 좋겠다고 산부인과 과장님으로부터 연락을 받았습니다. 이유는 수술 후 아이 몸은 회복되어 가는데, 소아청소년과와 정신건강의학과 교수님들을 만나면 아무 말도 하지 않는다는 것입니다. 그래서 아이와 함께 그림을 그리면서 여러 이야기를 나누었습니다.

아이는 그림을 그리면서 사고 당시 상황부터 관련된 일들을 조금씩 말하기 시작했습니다. 라포 형성도 잘 되었고, 나름 성폭력 관련 논문들과 지식을 바탕으로 1주일에 1~2번씩 꾸준히 치료가 이루어졌습니다. 진행 도중 플래시백으로 힘들어했던 경험이 있지만 일단 아이가 미술치료 시간을 좋아하고 부모 역시 치료 후 일상생활로 복귀해서 꾸준히 참여하도록 했습니다. 약 1년 동안 진행한 치료는 성공적으로 잘 마무리되었습니다.

그 후 병원의 성폭력지원팀의 일원으로서 여러 환자를 만났는데, 생각보다 많은 성폭력 환자들을 보면서 우리 사회가 이렇게나 폭력성에 노출되어 있었다는 사실에 놀랐습니다. 직장 상사에게 당한 강압적인 성폭력, 데이트 폭력, 그리고 성폭력 후 업소에 일하게 된 사연뿐 아니라 임신이 안 되어 남편과 시댁과의 갈등을 빚거나 남학생이 당한 성폭력 사례, 가정문제 등등 5세 아이부터 80세 남녀 노인에 이르기까지 너무나 다양한 환자들을 만났고, 치료를 진행했습니다.

당시 30대 초반이던 저는 하루하루 다양한 사례에 외부로 표현하지는 못했지만 놀라울 뿐이었습니다. 국내 성폭력 피해자를 위한 트라우마 미술치료는 대학병원 국내 최초였고, 성폭력 사례자들 트라우마는 아주 중요한 임상이었습니다. 그 후 저는 일본군 위안부 피해자 여성에 대해 관심을 가지게 되었는데, 전시 상황에서 여성의 인권과 탈북민 여성의 트라우마 연구를 시작하게 된 계기가 되기도 했습니다.

집

김○○(15세 여학생)은 아버지와 남동생과 생활하고 있고, 어머니는 어릴 때 이후 만난 적이 없으며 전화 연락도 닿지 않았는데, 3년 전부터 동네 과일가게 아저씨에게 지속적인 성폭행, 성추행에 노출되어 있었습니다. 하지만 "아빠한테 혼날까 봐" 이야기하지 못했습니다.

그림은 집이라는 장소를 특정하고 있는데, 과일가게 아저씨의 모습은 집이나 가게로 가면 발가벗고 누워서 기다리는 모습을 표현한 것입니다. 아저씨와 카톡을 주고받는 장면을 묘사했는데, 영상 통화로 서로의 몸을 보여주기도 했다고 합니다. 이러한 자세한 내용과 설명을 통해 학생의 부모는 가해자를 고소하기 위한 준비를 했습니다.

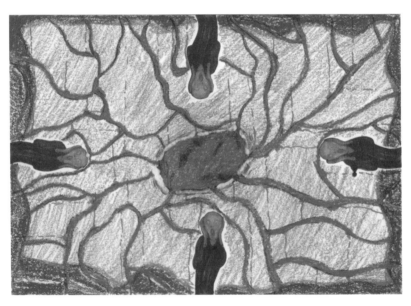

유○○(17세 여학생)은 시간 순으로 사건 이후의 대처 방법을 표현하고 있습니다. 첫 번째 그림은 사건 상황에 대해서는 표현하지 못했습니다. 사건에 대해 부모님이 알게 된 후 병원으로 이동하여 검사 후 가족 구성원 각자가 방에서 울고 있는 모습을 표현한 작품입니다.

두 번째 그림은 '얼어붙은 심장'을 표현하기 위해 애썼고, 액자 테두리에 울고 있는 사람들 표정을 넣어 부정적 감정을 극대화시켜 표현했습니다. 채색할 때에도 '우중충한 색'이 필요하다며 색을 선택하는 데 고민하는 모습을 보이기도 했습니다.

마지막 작품은 찰흙으로 빚은 자신의 모습인데, 피해자는 찰흙을 반죽하면서 "내 마음을 주무르는 것 같았다"라고 표현하며, '울고 있는 소녀'라고 제목을 지으며 자신을 투영했습니다.

서울 초등학교 소방훈련 중 사다리 붕괴 사고 트라우마

2007년 서울 ○○초등학교 소방훈련 중 소방 고가사다리 붕괴사고로 인해 3명의 학부모가 떨어져서 2명이 숨지는 사건이 발생했습니다. 이 사건은 전교생이 모두 목격하면서 학교 전체의 트라우마가 되었습니다. 처음 이 학교를 방문해 학생들에게 설문 조사를 진행했는데, 많은 아이들이 자신에게는 트라우마가 없다고 답했습니다. 이에 언어와 문장을 통한 답은 한계가 있음을 알고 서울대학교 소아청소년과 김붕년 교수의 의견에 따라 미술치료를 전교생에게 실시했습니다.

우선, 훈련 중 어머니가 떨어진 아이들 3명을 집중적으로 관찰했습니다. 아이들은 학교에 잘 출석했습니다. 남자 아이는 여전히 개구쟁이같이 뛰어다녀서 엄마의 죽음을 잘 인식하지 못한다고 교사들이 말했습니다. 그런데 몇 회 미술치료를 진행하니 아이가 울기 시작했습니다. 그러면서 학교가 우리 엄마를 죽게 했다고 말했습니다. 새들이 파리를 잡아먹자마자 다 배설물로 나오게 그리면서 "뭘 먹든지 다 똥으로 나올걸, 뭐!"라며 매일 죽고 싶고 슬프다고 말했습니다. 이 학생은 우울증으로 집중 상담에 들어가기 시작했습니다.

한 여자 아이는 학교 부반장이었고, 모범생이었습니다. 학교에 가장 일찍 등교한다고 했습니다. 이 학생이 그린 그림의 제목은 '아침에 일찍 오면 교감 선생님께서 누구야 이제 왔니?라고 인사를 해요'였는데, 느낌상 교감 선생님이 아닌 것 같았습니다.

"이분은 누구야?"

"사실은 엄마예요. 가끔 엄마가 복도 끝에서 걸어와요. 엄마가 보고 싶어요."

　　아이는 한참을 울었습니다. 이렇게 어린 아이들이 갑작스럽게 엄마를 잃고, 또 엄마가 바닥에 떨어져서 죽은 장면을 자신뿐 아니라 전교생이 한참을 목격했으니 이 얼마나 슬프고도 충격적인 일일까요. 말은 하지 않았지만 아이들도 심한 트라우마를 겪고 있었던 것입니다.

경기도 연천군 수해 트라우마

2011년과 2020년에 대규모 폭우가 내렸습니다. 경기도 연천군 수해 피해 아동 트라우마 치료를 실시했는데요, 이아들은 급류에 10m 이상 쓸려가는 경험을 했습니다. 따라서 대부분의 아이들은 그림 제목으로 '죽다 살아난 날'이라고 종종 썼으며, 물이 너무 무서워 앞으로 수영이나 물놀이를 못할 것 같다고 했습니다.

제목: 세상의 종말

학교에서 운동장을 보고 있는데 폭우가 내리면서 나무의 잎은 다 떨어지고 가지도 부러지고 기울어지고 뽑혔다고 합니다. 처음에는 이런 광경이 재미있었는데, 아이의 허벅지까지 물이 차고 진흙과 나뭇가지, 돌이 섞여들면서 겁이 났다고 합니다. 교문 밖에 있는 자신의 집도 없어질 것 같고, 자신이 꼭 죽을 것 같은 느낌이 들었다고 합니다. 동생이 그림처럼 10m 이상 휩쓸려갔고, 손만 보였다고 합니다. 너무 무서웠다고 합니다. 항상 동생을 잘 보살피라는 아버지의 당부가 있었는데 그 책임을 다하지 못한 것에 대한 죄책감을 가지고 있다고 합니다.

염전 노예 사건 트라우마

2014년 2월 전라남도 신안군 염전에서 지적 장애인들을 직업 알선을 해준다며 유괴하고 감금해 피해자들이 강제 노역 생활을 해온 사실이 드러났습니다. 피해자들은 휴일 없이 매일 12시간 넘는 고강도 노동을 해왔는데요, 20년 동안 1,500만 원, 월 기준으로 해서 6,200원씩을 받았다고 합니다.

감시가 철저해서 외부와 연락을 할 수 없는 상황에서 피해자 중 한 명인 김 씨는 종이와 볼펜을 훔쳐 어머니에게 편지를 써서 읍내에 이발하러 가는 길에 몰래 우체통에 부쳤습니다. 거기에는 어머니에게 섬에 올 때 '소금장수로 위장해서 구출해달라'는 내용이 쓰여 있었습니다. 경찰과 어머니는 소금장수로 위장해 섬 곳곳을 수사하다 김 씨와 다른 이들을 함께 구출해냈습니다. 그리고 마침내 김 씨는 헤어진 지 14년 만에 어머니를 만났습니다. 폭력적 상황에서도 자유를 향한 의지를 가지고 지혜롭게 행동한 덕분에 다른 장애인들도 함께 구출할 수 있었습니다.

이분들의 트라우마를 치료하면서 염전 노예 시절을 그림으로 그리게 했습니다. 당시 피의자 홍 씨는 노예 노동을 시킬 때 절대 도구를 이용한 폭력을 사용하지 않았다고 진술했지만, 피해자들의 그림을 통해 무기를 사용한 사실이 드러났습니다. 그런데 안타깝게도 2014년 구출되었던 63명 중 40명이 다시 염전으로 돌아갔습니다. 가족을 찾을 수 없거나 반기는 가족이 없는 데다, 머물 곳도 일자리도 얻을 수 없었기 때문입니다.

직업을 소개해 주겠다는 무허가 직업 알선업자는 시각장애 5급인 피해자 김 씨를 신안으로 데려갔습니다. 감금시켜 놓고 날마다 일을 시켰습니다. 일의 양도 너무 많았습니다. 염전일 외에도 농사와 건설 현장일, 집안일 등 노예처럼 일을 했습니다. 말을 듣지 않으면 각목이나 쇠파이프 등으로 때리기도 했다고 합니다. 너무 많이 맞아 꿈에서도 망치로 맞는 꿈을 꾸었다고 합니다. 하루하루가 무서웠고 밤마다 악몽을 꾸었다고 합니다.

판교테크노밸리 환풍구 추락 사고 트라우마

2014년 10월 17일 경기도 성남시 분당구 판교신도시에서 열린 판교테크노밸리 축제 도중 사고가 발생했습니다. 공연을 관람하기 위해 사람들이 환풍구 위에 올라갔는데, 해당 건물 지하주차장에 연결되어 있던 환풍구가 그 무게를 견디지 못하고 붕괴되면서 추락한 사고입니다. 이로 인해 16명이 사망하고 11명이 부상을 당했습니다. 그때 저는 3명의 부상자가 입원해 있는 병실을 직접 방문하여 부상자와 그 가족을 대상으로 미술치료 프로그램을 진행했습니다. 부상자들은 당시 본인의 심리를 색과 그림, 그리고 글로 표현하는 등 사고의 아픔을 미술치료를 통해 승화시켰습니다. 어떤 일에 집중해서 원하는 색으로 채색하는 작업은 스트레스 해소에 도움을 줍니다. PTSD 증상을 보이고 있는 이들 부상자에게도 이러한 색채가 긴장 이완과 더불어 스트레스를 해소하는 데 도움을 줄 수 있었습니다.

이 그림은 입원 중인 부상자가 자신의 머릿속에 떠오르는 이미지를 표현한 것으로, 사건 직후 자신의 눈앞에 펼쳐진 광경을 그린 것입니다. 부상자는 그 당시 왼쪽과 위쪽에서 빛이 보였지만 전체적으로 어두운 풍경이었다고 합니다. 화면의 중심에는 뒤엉켜 쌓여 있는 시체더미를 묘사했으며 우측에는 시체더미를 바라보는 자신의 모습을 그려넣었습니다.

　　부상자는 통제가 높은 재료인 사인펜으로 상황을 묘사했는데, 이를 통해 혼란스러운 현재 상황을 받아들이기 위해 이성적으로 통제하고자 하는 욕구가 높으며, 신체적·심리적 긴장도 또한 매우 높은 상태임을 알 수 있습니다. 검정색이 주를 이루고 있는 그림은 사건 당시의 어두웠던 주변 풍경과 함께 현장의 잔상으로 인한 내적 불안감과 사건의 충격도를 강조하고 있는 것으로 보입니다.

　　살아남은 본인에 대한 생명의 빛, 희망 등을 노란색 빛을 통해 표현하고 있으나, 빛이 있는 곳의 반대편에 자신을 표현함으로써 현실과 꿈이 구분되지 않는다는 환자의 심리를 드러내고 있습니다. 이것은 생존의 기쁨과는 달리 생존 이후 현실 적응의 어려움이 있는 것으로 해석됩니다. 부상자가 우측 팔을 다쳐 왼손으로 그림을 그렸음에도 형태와 내용을 뚜렷하게 표현한 것으로 보아 당시의 광경이 큰 충격으로 지각되고 있음을 알 수 있습니다.

강원도 속초·고성 산불 트라우마

2019년 4월 4일 강원도 속초와 고성의 야산에 산불이 발생했습니다. 산불은 3일 만에 진화되었는데, 2명의 사망자와 11명의 사상자가 발생했습니다. 소실 면적 126만 662ha, 화재 진압에 동원된 인원만 9,283명, 헬리콥터 50대와 소방차량 872대, 배수차량 162대가 동원되고, 대피 주민만 4,000명가량이었던, 국가재난사태가 선포된 대형 산불이었습니다. 주민과 아이들이 트라우마를 겪고 있다는 소식을 들은 저는 바로 현장으로 달려갔습니다. 주민을 비롯해 속초시의 공무원과 고성보건소의 직원들, 자원봉사자들 등 여러 사람의 트라우마 치유 프로그램을 석 달 동안 실시했습니다. 특히 노인분들과 아이들은 산불로 인한 트라우마가 상당히 심각한 상황이었습니다. 아버지와 차를 타고 대피하는데 차에 불이 붙어서 가까스로 나온 경우도 있었고, 동물들이 타 죽는 모습을 직접 보거나 집이 순식간에 타버리는 모습을 본 아이들이 있었습니다.

4월이면 봄바람이 불고 꽃 피고 산과 들이 한창 아름다운 시기입니다. 특히 강원도
는 더욱 아름다운 곳입니다. 그런데 2019년 4월 초 야산에서 발생한 불이 바람을
타고 속초 시내로까지 번졌습니다.

첫 번째 그림은 67세 남자분이 그린 것입니다. 불길이 순식간에 번져서 집을 덮쳤
다고 합니다. 가족들을 데리고 대피를 했습니다. 붉은 꽃이 피어 있는 뒷산의 모습
과 붉은색의 불길이 강렬함을 보여줍니다. 자연의 생명인 붉은 꽃과 재난으로 인한
집과 삶의 터전을 소멸시키는 붉은 불꽃. 불타는 집을 보며 무섭고 슬프고 안타까
웠다고 합니다. 지금도 작은 불씨만 보아도 트라우마에 시달린다고 합니다.

두 번째 그림은 6세 남자 아이의 그림입니다. 아빠가 자신을 차에 태워서 빠져
나가는 동안 불이 붙어서 차에서 내렸다고 합니다. 그리고 아빠가 자기를 업고 그
냥 뛰어갔다고 합니다. 옆의 나무와 집이 불타는 것을 보았는데, 너무 무서웠다고
합니다. 산과 나무 모두 불에 탔는데 빨간 색깔 외엔 모두 까만색이 되었다고 합니
다. 그리고 집에 남아 있던 강아지가 생각났다고 합니다.

포항 지진 트라우마

2017년 11월 15일 포항에 진도 5.4 규모의 지진이 발생했습니다. 기상청 관측 사상 역대 두 번째로 강한 규모의 지진이었지만 그 피해는 역대급이었습니다. 그로 인해 다음 날로 예정되어 있던 전국 수학능력시험을 일주일 연기하기도 했습니다.

당시 중국에 머물고 있던 저는 귀국 후 포항 시민들의 심리치료를 1년 가까이 진행했습니다. 집이 무너져 갈 곳 없는 이들은 흥해실내체육관에서 생활을 하고 있었습니다. 체육관 안에는 1년 이상 텐트 생활을 하는 사람들이 많았습니다. 지진 피해 트라우마를 치료하면서 중간에 우시는 분들, 극심한 트라우마로 악몽에 시달리는 사람들, 신체를 다쳐서 치료를 받고 있는 사람들까지 대부분 정신적·신체적으로 불안한 상태였습니다.

흥해군의 지원으로 심리치료가 꾸준히 진행되었습니다. 그 외에도 봉사단들에게 트라우마 치유 봉사를 어떻게 해야 하는지에 대한 전문교육도 진행했습니다. 그 후 포항에는 포항트라우마센터가 설립되었습니다. 중국 쓰촨성 지진으로 인해 피해받은 어린이들과 포항 지진 트라우마 치료를 받은 어린이들의 공동 그림 전시 〈한중교류전: 소통 치유전〉이 2019년에 중국 오채재단과 대한트라우마협회의 공동 주최로 서울 DDP와 포항시에서 개최되어 국내외에 크게 보도되었습니다.

그림 그린 이는 56세의 남자 분이었는데, 지금까지 한국은 지진으로부터 안전한 나라라고 생각했다고 합니다. 그런데 지진이 나면서 아파트가 흔들리고, 아파트 벽이 갈라지고 건물들이 무너졌습니다. 아스팔트가 갈라지면서 다니던 차도 전복되었습니다. 집으로 들어갈 수 없었기 때문에 포항 흥해실내체육관에 마련된 지진 피해 임시구호시설에서 생활하고 있습니다. 지금도 몸이 계속 지진을 느끼고 있고, 조금만 흔들리는 느낌만 나도 엎드리거나 기어서 다니는 지진 트라우마에 시달리고 있습니다.

그림은 포항 지진을 경험한 아이가 그린 것입니다. 놀이터에서 친구들과 놀고 있는데 갑자기 땅이 흔들리더니 땅이 갈라지는 모습을 보았다고 합니다. 건물이 무너졌고, 친구들이 살려달라고 소리를 지르고, 아이는 토했다고 합니다. 헬리콥터가 날아다니고, 너무 무서워서 빨리 집에 가고 싶었는데, 엄마가 찾으러 와서 엄마를 따라서 뛰어서 집으로 갔다고 합니다. 그 정신없는 풍경이 그림에 담겨 있습니다.

울릉도 소방훈련 사고 트라우마

2024년 울릉도의 한 중학교에서 소방훈련 도중 학생 한 명이 3층에서 떨어지는 사건이 일어났습니다. 저는 제자들과 함께 치료를 위해 울릉도로 들어갔습니다. 다행히 떨어진 학생은 생명에 지장이 없었고, 바로 병원으로 후송되었습니다. 학교 친구들이 다친 친구와 계속해서 소통을 잘하고 있었기 때문에 병원생활도 잘 이겨내고 있었습니다. 그러나 소방훈련에 참가한 학생들 외에도 전교생이 그 상황을 목격했기 때문에 모두 심한 트라우마를 겪고 있었습니다. 전교생을 대상으로 트라우마 검사를 비롯한 다양한 검사와 심리치료가 조속히 이루어졌습니다. 학생들은 안전사고에 관련한 그림을 많이 그렸고, 상담 시간에 많은 이야기를 했습니다. 울릉군의 빠른 대처 덕분에 학생들이 초기 트라우마 치료를 받을 수 있었습니다. 그러나 앞으로도 퇴원한 학생과 사건을 목격한 학생들, 그리고 교사들을 위한 트라우마 치유는 꾸준히 이루어져야 할 것입니다.

제목: 안일함의 최후

이 그림은 사고 당시 떨어진 학생의 뒷모습을 그린 것입니다. 사고가 난 학생이 마음이 착한 친구이고, 또 그 학생의 누나와도 친했기 때문에 누나가 괴로워하는 모습을 보는 것이 마음 아팠다고 합니다. 그림 그린 학생은 소방대와 학교에서 매트리스조차 깔지 않았다는 것에 매우 분노하고 있었습니다. 이 사고 직후 일상적인 생활을 하는 데는 큰 어려움이 없었지만, 당시 상황을 잘 기억하고 있으며 마음에 분노가 계속 남아 있다고 하였습니다. 학교와 소방대원 측 모두 미리 사고를 예측하지 않고 준비하지 않음에 대해 부정적이고 안일했던 모습을 그림으로 표현했습니다.

제목: 화, 분노, 아쉬움

그림을 그린 학생은 다친 학생의 친구입니다. 소방훈련 중 3층에서 친구가 떨어지는 장면을 생생하게 보았고 그때의 자신의 감정을 학교 벽돌에 넣었다고 합니다. 친구가 떨어졌을 때의 막막함과 멍함을 회색과 검정색 벽돌로, 장비를 잘 점검하지 않은 소방관에 대한 화와 분노를 빨간색으로, 친구의 부상에 대한 불안과 안타까움을 파랑과 초록으로 나타냈다고 합니다. 그림 위쪽의 네모난 노란색은 안전매트를, 빨간색의 T는 착륙지점을 나타낸다고 하며, 이런 안전매트가 바닥에 깔려 있었더라면 설사 떨어졌다고 해도 친구가 다치지는 않았을 것이라며 안타까움을 표현했습니다.

3

해외 트라우마 치료 현장을 가다

미국 9·11 트라우마 치유 현장에서 얻은 것들

2001년 9월 11일 미국 뉴욕의 중심부에 있던 세계무역센터
가 무너졌습니다. 당시 미국미술치료학회에서는 9·11 테러 생존자
와 피해자 가족을 비롯해 수많은 사람의 트라우마에 대한 치료를 진
행했습니다. 이 학회의 회장을 맡고 있던 폴라 하위Paula Howie와 저는
2007년에 제가 회장으로 있던 대한임상미술치료학회에서 9·11 테러
에 관한 '트라우마와 미술치료 사례'를 주제로 강의하면서 인연을 맺
었습니다. 그 후 폴라 하위는 트라우마 미술치료에 관한 공동 연구와
협력을 위해 저를 미국으로 초청했습니다.

이를 계기로 워싱턴과 뉴욕에 있는 병원과 학교를 방문하면서
9·11 이후 미국에서 트라우마 치료를 위한 다양한 사회적 치유 프로

그램이 어떻게 진행되고 있는지를 비롯해 생존자와 그 가족들이 치료받는 상황을 직접 살펴볼 수 있었습니다. 큰 재난을 겪은 이후 생존자와 피해자 가족, 그리고 전 국민이 어떤 트라우마를 겪는지 또한 알 수 있었습니다.

　　미국에서는 9·11 테러 희생자를 추념하고 생존자와 그의 가족들에게까지 심리 안정 치료를 제공하고 있었는데요, 가장 기억에 남는 장면은 실종자 한 사람 한 사람의 이름을 부르며 기도하는 모습이었습니다. 생존자들의 회복을 위해 심신을 치료하는 의료진과 치료자, 자원봉사자, 종교인들의 모습에서도 말할 수 없는 숭고함을 느꼈습니다. 미국 사회가 재난에 대처하는 모습을 직접 볼 수 있었던 것은 저에게도 꽤 많은 공부가 되었을 뿐 아니라 영감을 불러일으켰습니다.

　　9·11 테러 트라우마 치유 현장을 경험한 저는 이후 또 다른 해외 트라우마 치유 현장으로 관심의 영역을 확장할 수 있었습니다. 이 장에서는 그동안 해온 해외 트라우마 치료 현장에서의 이야기를 들려드리고자 합니다. 지구촌의 사람들이 어떤 재난을 겪고 있으며, 어떤 트라우마를 직면하고 있는지 함께 마주 보기 해주시기 바랍니다.

동일본 대지진 트라우마

2011년 3월 11일 일본 도호쿠 지방, 태평양을 마주한 지역에서 일본 국내 지진 관측 사상 최고인 9.1 규모의 지진 피해가 일어났습니다. 1만 6,000명 가까운 사람이 죽었던 이 대지진으로 일본 사회는 1945년 제2차 세계대전에서 패한 이후 가장 큰 사회적 충격을 받았다고 합니다.

저는 동일본 대지진 피해자, 유가족, 목격자들 대상으로 그림을 통해 심리치료를 진행했습니다. 처음 심리검사 차원에서 사람 그리기를 했는데, 참가자 중 많은 분이 사람의 뒷모습을 그리거나 옷을 입지 않은 사람을 그렸습니다. 본인들의 내면의 아픔을 드러내지 싶지 않았기 때문이었습니다.

생존자들은 가족을 보내고 살아남은 자로서의 미안함을 주로 그렸습니다. 프로그램을 진행하면서 가장 놀랐던 것은 일본은 다시 일어날 수 있다는 희망을 담은 그림이 많이 나왔다는 것입니다. 바닷속에 잠겨 있는 벗나무를 보호막으로 감싼 장면, 싹이 나는 무, 새싹 등의 그림들을 통해 희망을 잃지 말자는 의미를 담은 그림이 많았습니다.

일본의 재난 현장에는 MOA미술관 소장의 국보급 그림도 놓여 있었습니다. 예술작품을 통해 피해를 입은 일본인들에게 희망을 주기 위함이었습니다. 그리고 재난 극복을 위해 어린이들 대상으로 그림 그리기와 글쓰기, 붓글씨 공모전을 열었으며, 수상 작품들은 체육관에 전시를 하였습니다.

만약 일본이 아닌 곳에서 이 정도 규모의 지진이 일어났으면

한 도시가 없어졌을 거라는 세계인들의 말처럼 재난 앞에서 감정을 억누르며 흔들림 없이 극복하는 이들의 모습에서 저도 놀라움을 금치 못했습니다. 4년 뒤 동일본 대지진이 난 이곳 센다이에서는 2015 유엔 제3차 재난위기경감회의^{WCDRR}를 개최했는데, 이 또한 놀라운 일이었다고 생각합니다. 일본은 국제회의 개최를 통해서 자국이 재난을 극복하고 건재하다는 것을 알려주고자 했는데, 저 또한 이 행사에 특별 초청 연사로 초대되어 '세월호로 본 트라우마와 정신 건강'이라는 주제로 발표를 했습니다. 센다이는 많은 예산을 투입해 도시 재건을 거의 마쳤고, 재난 현장을 곳곳에 보존해 트라우마 교육장소로 활용하고 있었습니다. 효고현에 이어 트라우마센터를 설립해 지역 주민들을 위한 트라우마 치료를 계속 진행하고 있었습니다.

그림은 오른쪽에는 붉은색, 왼쪽에는 푸른색의 물감을 사용하여 튀기거나 번지는 효과를 나타내었으며, 서로 손을 잡으려는 모습을 그렸습니다. 색은 인간의 감정을 대신하는 일종의 언어라고 볼 수 있습니다. 붉은색 계통의 긍정적 의미는 따스함, 온기, 건강, 생명, 열정을 나타냅니다. 반면 파란색은 하늘, 삶, 휴식, 건강, 생명을 뜻합니다. 그림에서 두 손은 안타깝게도 잡지 못하고 있는 상태로 표현되었으며, 두 손을 잡았다가 놓친 느낌도 납니다. 이는 프로이트의 이론에 근거했을 때 두 가지 상호 대립되거나 상호 모순되는 감정이 공존하는 양가감정을 나타낸 것으로 보이며, 반대되는 두 가치, 목표, 동기가 공존하는 것은 정서적 장애로 볼 수 있습니다. 붉은색과 푸른색의 색채 대비, 손을 놓은 듯 잡을 듯한 상황 대비는 모두 양가감정으로 보이며, 이는 피해자들을 돕고 싶지만 돕지 못하는 안타까운 마음, 그리고 살아남았다는 죄책감을 표현한 것으로, 다양한 감정들이 뒤엉켜 정서적 갈등을 겪고 있다고 해석됩니다.

그림은 정중앙에 한 가지 소재만 표현하고 배경은 검은색으로 채색함으로써 상징하는 것을 강조한 것으로 해석할 수 있습니다. 마코버Machover에 의해 제시된 공간 구성의 진단적 의미에 따르면 중앙은 화면에서 가장 안정된 장소로 인간의 심리를 상징하는 데서 가장 중요한 부분이며, 풀버의 십자 축에 의한 공간 상징 이론에 따르면, 개인적인 일상의 의식 상태와 자아경험 영역을 나타냅니다. 어둠 속에서도 붉은 빛을 발하는 꽃 한 송이는 어떤 절망 속에서도 반드시 희망이 있다는 것을 상징적으로 표현하고 있습니다.

회색은 원자력 발전소, 검은색과 갈색은 자갈과 기와가 부서진 잔해, 그리고 쓰나미에 쓸려간 집들을 표현한 것입니다. 재료를 두껍게 겹칠해서 희망을 피우고 싶다는 간절한 마음과 현재 상황의 잔해들이 쓸려와 겹겹이 쌓여 있는 모습이 양가적으로 표현되어 있습니다.

일본 사람들은 유난히 무를 좋아해서 요리에 많이 사용합니다. 그림은 무가 땅에서 올라오는 생명력을 표현함으로써 동일본 대지진이 일어났지만, 그 땅에 생명력을 불어넣어서 부흥할 것이라는 희망을 표현하고 있습니다. 땅 역시 맨 아래는 검은색 이지만 위로 갈수록 회색으로 바뀌고 무에 가까운 땅은 황토색으로 표현하였습니다. 무 역시 중앙에 크게 배치함으로써 중요한 상징성의 의미를 부여하고 있습니다. 쓰나미 대신 잔잔한 바다와 하늘을 배경으로 두었고, 희망을 상징하는 노란색 해바라기 꽃이 피어 있습니다. 집과 건축물들도 다 복원되어 건강하고 평화스러운 마을로 표현되어 있습니다.

네팔 대지진 트라우마

2015년 4월 25일 네팔에 진도 7.8의 강한 지진이 일어났습니다. 저는 팀을 이끌고 가서 수리 비레탄티 세컨더리 스쿨에서 250명을 대상으로 3일 동안 미술치료를 실시했습니다. 당시 사건 충격 척도 검사에 의하면 51% 이상의 학생들이 재난에 대한 불안 우울 증상을 보였습니다. 그 후로는 카트만두 이재민 500가구가 거주하고 있는 텐트촌을 방문해 지진으로 집을 잃고 피해를 당한 아동들에게 미술치료를 실시했습니다. 그림을 보면 눈앞에서 산사태가 일어나서 친구가 죽는 장면을 목격한 아이도 있고, 가족의 죽음을 목격한 아이들도 있었습니다.

왼쪽의 그림은 동네 집 뒤의 산이 무너진 것을 묘사한 것입니다. 나무가 부러졌고, 산사태로 인해 흙더미가 내려오면서 사람이 죽었습니다. 그림 그린 이는 집에서 빠져나와 다른 곳으로 가고 있는데, 두 집 앞에는 죽은 사람들이 누워 있고, 심지어 어린아이도 죽어 있었다고 합니다. 그 위로 계속 흙과 돌들이 내려오고 있었다고 합니다. 그림에서는 죽은 어린 아이를 자신과 같은 초록색으로 색깔을 칠했습니다.

오른쪽의 그림에서는 산이 무너지면서 심한 산사태가 나서 마을을 휩쓸고 있음을 볼 수 있습니다. 이 그림에서도 역시 사람들은 도망가고 있고, 많은 사람이 죽음을 맞이했음을 알 수 있습니다. 하늘의 구름, 비를 산사태와 똑같은 회색으로 색칠했습니다.

우리가 방문했을 때 아이들은 가족 및 주변 사람들의 죽음과 집이 무너지는 것을 목격하면서 불안과 두려움으로 인해 트라우마에 시달리고 있었습니다. 그나마 학교에서는 안전하게 공부하고 놀고 먹을 수 있어서 많은 아이들이 학교에 와 있었습니다.

중국 쓰촨성 대지진 트라우마

2008년 5월 12일 발생한 중국 쓰촨성 대지진은 규모 8.0의 큰 지진으로 사망자가 6만 9,000명, 부상자 약 37만 4,000명, 행방불명자는 약 1만 8,000명이었습니다.

제가 쓰촨성 지진 트라우마와 관련 연구를 하고자 지진 피해 지역으로 갈 때면 항상 물리적 또는 심적으로 어려운 일이 생겼습니다. 어렵게 도착한 현장에서 주민을 만나거나 추념 공간에 들어가면 그나마 마음이 가라앉고 괜찮아졌습니다. 쓰촨성 지진 피해가 있던 지역을 갈 때면 이런 일들이 반복적으로 있었습니다. 동일본 대지진이 일어났던 장소에 갔을 때도 마치 바다의 파도소리와 물결이 그곳으로 들어오라고 손짓하는 것처럼 강렬하게 느껴졌습니다. 한국의 세월호 침몰 때도 이런 느낌을 받았었습니다.

쓰촨성 지진으로 인해 두 다리를 잃은 야오야오는 대지진이 일어난 지 3일 만에 극적으로 구조되었습니다. 중국의 유명화가 100명이 그림을 전시 판매한 금액으로 오채재단을 만들었는데, 야오야오는 그곳에서 교육과 재활 훈련을 받을 수 있었습니다. 열심히 그림을 공부한 야오야오는 미술대학에 진학했고, 이후 쓰촨성의 디자이너로 활동할 수 있었습니다. 2019년 〈한중교류전: 소통 치유전〉 개최 시 야오야오의 그림을 전시하면서 그를 한국에 초청했습니다. 서울 전시 후 포항 지진 트라우마로 힘들어하는 아이들의 그림도 함께 전시를 했습니다.

그림의 주체 인물이 코끼리와 고양이로 표현되어 있는 것으로 볼 때, 야오야오 작가는 일상의 삶에서 적응의 어려움이 있음을 추측할 수 있습니다. 지적 욕구가 높지만 내적 불안 또한 높음을 알 수 있습니다. 팔이 몸에 밀착하여 꽉 붙어 있는 고양이, 자세의 움직임이 거의 없는 코끼리가 이것을 시사해 줍니다. 또한 사회적 상호작용에서도 어려움이 있는 것으로 보입니다.

크기와 색이 다르게 강조되어 있는 고양이의 두 눈, 코끼리의 뒤로 감추어진 팔과 손은 외부 환경에 대한 회피와 자기통제를 표현한 것으로 보입니다. 주조색으로 사용된 회색 또한 우울감과 관련이 있습니다. 중국에서 코끼리는 복과 건강을 상징하고, 고양이는 생명과 신을 연결시키는 존재이자 마력을 지닌 상서로운 동물로 여겨지는데, 이 동물로 표현한 것을 통해 작가가 현재 삶의 어려움에서 긍정적인 미래로 나아가고자 하는 열정을 지녔음을 볼 수 있습니다.

야오야오는 16살에 뜻하지 않은 쓰촨성 대지진을 겪으며, 부모를 잃고 장애인이 되었습니다. 불안, 우울, 공황장애, 신체적 아픔을 미술을 통해 긍정 에너지로 바꾸어 몸과 마음을 치유할 수 있었다고 말합니다.

아프리카 트라우마 미술치료

2024년 아프리카의 남아프리카공화국, 그리고 잠비아의 오지 마을에서 최초로 미술을 통한 트라우마 심리치료를 진행했습니다. 남아프리카공화국에서는 모뉴먼트파크 고등학교Monument Park High School 학생들을 대상으로, 잠비아에서는 세포 어린이 교회Sepo Children Church 학생들을 대상으로 트라우마 치유를 위한 심리치료를 실시했습니다.

아프리카는 가난과 에이즈, 그리고 물의 오염 등으로 인해 많은 어려움에 처해 있습니다. 그러나 미래가 어두운 곳은 아닙니다. 아이들은 가난해서 다양한 체험을 하기 어려웠고 당장 가족들 먹을 끼니 걱정이 더 앞서 있었습니다. 우리는 미술치료를 통해 아이들의 눈에 비친 세상을 보았습니다. 우리 팀은 아이들에게 닭, 축구공, 미술도구, 간식, 미르밀(옥수수가루)을 제공했습니다. 7살밖에 안 된 아이가 미르밀 10kg을 두 시간 넘게 걸리는 집까지 이고 지고 가면서도 엄마 아빠에게 줄 것을 생각하니 무척 기쁘다고 말하는 모습이 아직도 기억이 납니다.

아프리카 아이들은 가난하기 때문에 특별한 체험이나 여행을 하기가 쉽지 않습니다. 일상은 항상 비슷합니다. 학교를 가고 부모를 도와 일을 합니다. 그림은 아버지를 따라가서 땔감나무를 지고 오는 모습입니다. 아프리카에서는 가장인 아버지의 권위가 대단합니다. 이 그림에서도 아버지의 뒤를 따라 씩씩하게 걷는 남자 아이의 모습을 볼 수 있습니다. 가난하고 생활이 힘들고 불편하지만 삶의 만족도가 높은 아이들의 밝은 얼굴을 보고 있으면 행복바이러스가 우리에게도 전달되는 것 같습니다.

아프리카의 일부 지역은 내란을 겪고 있고, 그로 인한 가난으로 열악한 환경에 처해 있습니다. 교육환경이 좋지 못해 교육을 제대로 못 받거나 불량한 위생 상태로 인해 몸 상태가 좋지 않음에도 제대로 된 치료를 못 받는 경우가 많았습니다. 잠비아의 오지 마을에서 제가 만난 학생들 또한 날마다 끼니 걱정을 해야 했고, 적정한 교육을 받을 수 없는 상황이었습니다. 1시간 이상 가야 우물에서 먹을 물을 구할 수 있었고, 에이즈에 걸린 아이들도 여럿 있었습니다.

이 아이들에게 흙집은 온 세상입니다. 가난한 아이들은 당장 가족들 먹을 끼니 걱정이 더 앞서 있었습니다. 당연히 미술을 배운 적이 없습니다. 크레파스와 도화지를 처음 본 아이들이 대부분이었습니다. 이 그림을 그린 소년 역시 그림을 배운 적이 없지만, 흙집을 자세히 관찰해서 연필로 섬세하고 부드럽게 그렸습니다. 타고난 재능이란 이런 것일지도 모릅니다.

아이들은 그림을 그리는 동안 가난, 질병, 전쟁 등 자신을 둘러싼 모든 문제를 잊고 오로지 그림에만 몰두했습니다. 그림을 완성한 후 칭찬과 더불어 우리 팀이 준비해 간 상을 받고는 맘껏 행복해하던 모습이 기억납니다.

캄보디아 킬링필드 트라우마

캄보디아에서는 1975~1979년이 역사적 0년이었습니다. 인류 역사상 가장 찬란한 문명 가운데 하나였던 앙코르 문명을 꽃피웠던 캄보디아는 한때 동서양을 통틀어 최대로 번성했던 곳이었으나 지금은 경제적 어려움으로 인해 개발도상국으로 머물러 있습니다.

무엇보다 '킬링필드Killing Fields'로 알려진 대학살의 역사는 캄보디아를 상징하는 대표적인 사건으로 기록되고 있습니다. 이는 독일 나치 범죄 이후 세계에서 일어난 가장 심각한 범죄로 불리고 있습니다. 유적지의 아름다움과 가장 잔인한 역사적 현장을 보면서 저 역시 여러 생각이 들었습니다. 1975년 폴 포트Pol Pot와 크메르 루즈Khmers rouges 군은 당시 캄보디아 인구의 3분의 1에 달하는 200만 명을 학살했습니다. 캄보디아 전역 388개 지역에서 총 1만 9,733개의 매장지가 발견되었습니다. 프놈펜의 청아익 대량학살센터는 학살이 발생했던 장소로, 캄보디아에서 가장 큰 위령탑이 있으며 킬링필드로 잘 알려진 장소입니다. 수많은 사람이 집단 처형을 당하고 매장된 이곳에서는 총 8,985구의 유해를 수거했습니다. 위령탑에는 이들의 유골이 안치되어 있습니다.

군 장교, 지식인, 교사, 의사, 지식인, 심지어 승려, 안경 쓴 사람, 책을 똑바로 들고 있거나 손이 고운 사람도 처형당했습니다. 프놈펜의 뚜얼 스베이 프레이 여자고등학교를 폐쇄한 자리에는 뚜얼슬링 수용소가 세워졌고, 수용소에서는 1만 명 이상이 잔악한 고문을 받고 처형되었습니다. 뚜얼슬링 감옥에서 고문을 받은 자들은 야밤에 학살

장소인 킬링필드로 이동했습니다. 어린 아이들을 학살나무라고 불리는 나무에 머리를 내리쳐 죽이기도 했습니다. 크메르 루즈 군은 생존자들의 비명소리를 가리기 위해 음악을 크게 틀어놓고 학살을 자행했다고 합니다. 수렵채취가 금지되어 땅에 떨어진 과일 열매도 주워 먹을 수 없었고, 식사도 지정된 곳에서만 단체로 먹어야 했습니다. 심지어 강제 결혼을 시키기도 했는데, 이들은 해방이 되고 나서 대부분 이혼을 했으며, 이들 사이에서 태어난 아이들은 버려져 고아가 되었습니다.

저는 2024년도 1월에 캄보디아 킬링필드의 생존자를 방문해 인터뷰를 하고 치료를 진행했습니다. 1976년부터 1979년까지 200만 명이 죽어갔던 킬링필드에 대한 캄보디아 국민들의 트라우마는 결코 쉽게 지워질 수 없었습니다. 캄보디아 생존자들은 그 이후 또 다시 이어진 20년간의 내전이 끝나고 나서야 이때의 이야기를 조심스럽게 꺼냈고, 정식 재판이 진행되기까지 10년의 세월을 또 기다려야 했습니다. 그사이 가해자도 피해자도 차례로 죽어갔습니다.

킬링필드를 견디지 못한 많은 사람이 망명을 했는데, 이들은 보트를 타고 베트남, 태국을 경유하여 미국과 호주로 이동했습니다. 중상층 이상의 지식인들은 프랑스로 망명했으며, 미국 롱비치에는 당시 망명한 캄보디아인이 4만 명이 넘었다고 합니다.

내전이 끝나고도 캄보디아의 비극은 끝난 것이 아니었습니다. 캄보디아 땅 구석구석에 뿌려진 약 600만 개의 대인지뢰와 불발탄으로 수많은 이들의 죽음이 계속 이어졌습니다. 폴 포트는 죽어가는 상황에서도 자신은 사죄할 일을 전혀 저지르지 않았다고 말했습니다.

큰 전쟁을 치르고 나면 가해자와 피해자의 구분이 어려운 경우가 많습니다. '가피해자'라는 말이 있습니다. 이는 자기 동족 살해 때문에 생겨난 말입니다. 정의를 위해서, 또 화해를 위해서는 가해자와 피해자가 확실히 구분되는 것이 좋습니다.

캄보디아의 경우 오랫동안 킬링필드의 가해 핵심자들이 처벌을 받지 않았습니다. 그 후 40년이 지나서 국제 개입을 통해 처벌을 받게 된 것입니다. 그러나 그들은 진술을 할 때마다 "모른다", "기억나지 않는다", "상부의 명령에 따랐을 뿐이다", "당시는 당연한 것이었다"는 등의 반응을 보였습니다.

가해자들은 피해자를 비인간화합니다. "우리가 죽이는 것은 인간이 아니라 우리에게 적대적인 세력의 도구다." 또한 가해자들은 자신의 집단 내부를 향해서도 잔혹한 폭력을 사용합니다. 한 번 분출된 폭력성은 점차 강화될 수밖에 없습니다. 폭력은 피해자의 삶만 황폐하게 만드는 게 아니라 가해자의 삶도 황폐하게 만듭니다. 극단적인 반사회성 인격장애를 가진 경우가 아니라면 큰 명분이 있는 전쟁에 나갔던 군인들조차 자신들이 전쟁 중에 자행한 잔혹한 행동에 대해 이야기하는 것을 몹시 꺼립니다. 비인간적인 일이라고 스스로 의식하고 있기 때문입니다.

정치적 폭력은 개인적인 차원과 정치적인 차원을 구분해야 합니다. 정치적 폭력은 개인에게 가해졌지만 그 폭력 행사의 처음부터 끝까지는 집단적이고 공공적인 것입니다. 국가는 피해를 입은 사람들을 위해 기본적인 생존권 외에도 사회를 회복시키는 데 노력해야 합니다. 조직적인 정치적 후유증으로, 사회공동체 전체가 둔감해지고,

침묵과 재연의 순환으로 인해 국민들은 트라우마를 가지고 살게 됩니다.

역사적으로 국가폭력이 행해졌을 때 국가와 사회는 국민에게 침묵하고 따르기를 원합니다. 대중에게 진실을 밝히는 일에 관심이 없을 뿐만 아니라 반대로 사건을 은폐하고, 과거 사건을 재평가하려는 노력에 대항하게 됩니다. 과거 사건에 대해 공적으로 잘못을 인정하고 회복하는 과정이 없다면 국민들은 사회적 부정과 부도덕한 모습을 한 국가를 신뢰하지 않을 것입니다. 정의 없이는 진정한 평화도 없습니다.

킬링필드를 경험한 60대 여성의 그림입니다. 강제노역을 했을 당시 검은 옷을 입고 물지게를 진 자신의 모습을 그렸습니다. 당시 크메르 루즈 군은 사람들에게 농사를 위해 땅을 개간하는 일을 주로 시켰는데, 언덕 위에 있는 땅을 파서 흙을 옮기라는 명령에 따라 물지게에 흙을 담아 날랐다고 합니다.

그림은 폐타이어를 잘라 만들어 신었던 신발을 사실적으로 묘사했는데, 흙을 옮기는 자신의 표정을 무기력한 모습으로 표현하고 있습니다. 그때는 언제쯤 이 노역이 끝날 것인지를 계속 생각하면서 살았다고 합니다.

그림 그린 이는 킬링필드 당시 16세였다고 합니다. 감시자들은 강제 노역자들에게 땅을 파서 하수 시설을 만들라고 명령했고, 여러 사람이 새벽까지 땅을 파며 노역하는 모습을 그렸다고 합니다. 위에 그린 세 명 중 한 사람이 자신의 모습이며, 이 사람들 역시 모두 검은 옷을 입고 있습니다. 빨간색과 녹색의 보색으로 그린 산을 통해 산이나 수로를 파야 했던 기억들이 강렬한 기억으로 남아 있음을 알 수 있습니다. 아래 홀로 있는 사람은 강제 노역을 피해 피를 흘리며 도망가는 사람인데, 잡혀서 처절하게 죽고 말았다고 합니다.

이상적인 농촌 공산사회를 건설한다는 미명하에 크메르 루즈가 프놈펜을 점령한 이후 두 달 동안 전국적으로 약 300만 정도의 인구가 졸지에 농부의 신분으로 강제 노역에 투입되어야 했습니다. 크메르 루즈는 무자비한 강제 노역을 밀어붙이며 노동할 힘이 없거나 의지가 없는 사람들은 그 자리에서 총살했다고 합니다. 사살한 시신 또한 땅에 얕게 묻어 누구라도 시신을 볼 수 있게 함으로써 반항의 의지를 꺾었다고 하니, 그녀의 머릿속에는 도망가다가 총살을 당한 남자의 모습은 잊히지 않는 트라우마로 지금까지 또렷하게 남아 있습니다.

아침부터 시작된 노역은 늦은 밤까지 18시간 동안 이어졌으며, 노동이 끝나면 공동 숙소로 돌아왔는데, 잠을 잘 때는 야자수 나뭇잎을 깔고 나뭇잎을 엮어 대충 만든 베개를 베고 서로 반대 방향으로 누워 머리와 머리를 맞대고 잠자리에 들었다고 합니다. (그림 출처: 캄보디아 역사그림박물관)

폴 포트 정권은 아이를 부모로부터 떼어내어 교육한다는 원칙에 따라 어린 아이들만 모아놓고 사상교육과 노동을 시켰습니다. 어린 아이들에게는 실제로 지뢰를 심는 현장교육을 실시했습니다. 말을 듣지 않는 어린 아이들을 학살나무라 불리는 나무에 머리를 내리쳐서 죽이기도 했을 뿐 아니라, 부모의 눈앞에서 무참히 살해하기도 했습니다. (그림 출처: 캄보디아 역사그림박물관)

참고문헌

가타다 다미미(2016). 배부른 나라의 우울한 사람들. 전경아 옮김. 웅진지식하우스.
권석만(2009). 긍정 심리학: 행복의 과학적 탐구. 학지사.
권석만(2012). 외상 후 스트레스 장애(PTSD)와 임상미술치료. 이담북스.
고재학(2013). 절벽사회. 21세기북스.
김동춘·김명희 외(2014). 트라우마로 읽는 대한민국. 역사비평사.
김선현(2006). 마음을 읽는 미술치료. 학지사.
김선현(2009). 임상미술치료학. 계축문화사.
김선현(2012). 역사가 된 그림. 이담북스.
김선현(2018). 외상 후 스트레스 장애와 임상미술치료. 이담북스.
김선현(2019). 중심: 마음을 지키는 중국 그림의 힘. 자유의 길.
김선현(2023). 다시는 상처받지 않게: 나를 바꾸는 트라우마 치유북. 여름의서재.
김순진·김환(2000). 외상 후 스트레스 장애. 학지사.
김정규(2015). 게슈탈트 심리치료. 학지사.
김현수(2023). 괴물 부모의 탄생. 우리학교.
로스차일드, 바빗(2011). 트라우마 탈출 8가지 열쇠: 마음의 깊은 상처를 입은 이들을 위
　　　한. 노경선 옮김. NUN.
마리나 칸타쿠지노(2018). 나는 너를 용서하기로 했다. 김희정 옮김. 부키.
미타니 하루요(2024). 트라우마 사회심리학. 명다인 옮김. 또다른우주.
박영수(2003). 색채의 상징, 색채의 심리. 살림.

박재황(1998). 때리는 아이, 맞는 아이. 청소년대화의광장.

스에나가 타미오(2001). 색채심리: 마음을 치유하는 컬러 테라피. 박필임 옮김. 예경.

염태정(2021). 서소문포럼: '불행한' 유엔인증 선진국(2021.7.8.). 중앙일보.

오재호(2023). 청년의 고립·은둔, 진단과 대책. GRI이슈&진단 535호. 경기연구원 (GRI).

옥금자(2005). 미술치료 평가방법의 이론과 실제. 하나의학사.

유요한(2014). 종교, 상징, 인간. 21세기북스.

이효재(1994). 이데올로기와 가족. 현대가족과 사회. 교육과학사.

전우택·박명림(2019). 트라우마와 사회치유. 역사비평사.

정여주(2001). 만다라와 미술치료. 학지사.

주디스 허먼(2022). 트라우마: 가정 폭력에서 정치적 테러까지. 최현정 옮김. 사람의집.

최상진(2000). 한국인 심리학. 중앙대학교출판부.

최송식(2010). 외상 후 스트레스 장애. 공동체.

카도노 요시히로(2008). 미술치료에서 본 마음의 세계: 풍경구성법과 나무그림검사를 활용한 정신분열병 치료 사례. 전영숙·유신옥 옮김. 이문출판사.

콜크, 베셀 반 데어(2016). 몸은 기억한다: 트라우마가 남긴 흔적들. 제효영 옮김. 을유문화사.

파생, 디디에·레스만, 리샤르(2016). 트라우마의 제국. 최보문 옮김. 바다출판사.

한규석(2002). 사회심리학의 이해. 학지사.

김선현(2007). 동·서 미술치료의 비교연구(Comparative study of Eastern and Western Art therapy). *Journal of the Korean Academy of Clinical Art Therapy*. 2(2), 9-9-103.

김선현·장영윤·김붕년·권복자·장은희(2010). 충격적 사고를 목격한 아동에 대한 미술치료 사례. 한국학교보건학회, Vol.23, No.2, p. 143-150.

김선현·박정희·오홍근(2012). 군 외상 후 스트레스 의료지원 사례연구, 국방과학기술 학술대회, 제8회.

김선현·백명재·우소정(2013). 군 PTSD 의료지원 임상미술치료 단일사례연구. 국방과학기술 학술대회, 제9회. p.176-181.

김종민(1999). 4·3 이후 50년. 역사문제연구소 외 편.

김종철(2014). 제주4·3사건 트라우마에 대한 문화적 기억과 영상적 재현, 중앙대학교

대학원 석사학위논문.

김지희(2000). 아동 미술교육의 표현 양식에서 나타난 심리성에 관한 연구: 색채를 중심으로, 원광대학교 대학원 석사학위논문.

박철옥·안현의(2009). 새터민의 대인관계적 외상경험, 용서, 경험회피와 외상 후 스트레스 증상간의 관계. 상담학연구, 10(4), p. 1891-1905.

박화순(2002). 색채와 기호, 한국색채학회(편), 색이 만드는 미래, p. 150-157, 도서출판 국제.

신의진·엄소용·최의겸·송원영·오경자(2004). 한번의 심각한 외상 경험을 한 학령 전기 아동의 발달정신병리. 대한신경정신의학회, Vol.43 No.2, p. 172-181.

신현균·김상훈·오수성 역(2009). 외상 후 스트레스 장애 워크북. 학지사.

역사문제연구소(1999). 제주 4·3연구. 역사비평사, pp. 369-379.

유지현·박기환(2009). 소방공무원의 PTSD 증상과 관련된 심리 사회적 변인들: 우울, 불안, 대처방식 및 사회적 지지를 중심으로. 한국심리학회지, 임상 제28권 제3호, p. 833-852.

이민구(2016). 자연재난 PTSD 증상완화를 위한 집단미술치료 사례연구 인도네시아 빠당(Padang)의 지진 피해 여성 집단을 중심으로. 동국대학교 대학원 석사학위논문.

이수원(1996). 올바른 부모역할, 올바른 자녀 역할: 비교문화적 관점을 중심으로. 대학생활연구, 14, 한양대학교 학생생활연구소, p. 1-23.

이수정(2007). 게슈탈트 집단미술치료가 만성정신분열증환자의 대인관계에 미치는 효과. 대구대학교 재활과학대학원 석사학위논문.

이은진·이상복(2012). 외상 후 스트레스 장애 아동을 위한 상담 중심 미술치료 적용 연구. 특수교육재활과학연구, Vol.46 No.2, p. 99-120.

이제두(2012). 외상 후 스트레스 장애에 대한 사례 연구: 양평군 강하면 버스 추락 사고를 중심으로. 동국대학교 대학원 석사학위논문.

이하경(2015). 융의 분석심리학 관점에서 본 시각예술 상징의 표상적 특성 연구: 에드바르트 뭉크 작품을 중심으로. 중앙대학교 대학원 석사학위논문.

정문용·정화용·유현·정혜경·최진희(2001). 외상 후 스트레스 장애 환자에서 해마용적과 기억기능, 생물정신의학, 8(1). p. 131-139.

정지아(2013). 트라우마와 자기 치유에 관한 연구. 가천대학교 대학원 석사학위논문.

제주4·3평화재단(2017). 제주4·3 바로알기, p. 40.

제주4·3사건 진상규명 및 희생자명예회복위원회(2008). 화해와 상생, p. 111.

제주의소리. http://www.jejusori.net/news/articleView. 2011년 4월 29일.

조긍호·김은진(2001). 문화성향과 동조행동. 한국심리학회지: 사회 및 성격, 15(1), p. 139-165.

채정호(2004). 외상 후 스트레스 장애의 진단과 병태 생리. 대한정신약물학회지, 15(1), p. 14-21.

최광현(2011). 장병 심리지원 체계의 필요성에 관한 제언: 스트레스 및 외상 후 스트레스(PTSD) 관리 서비스를 중심으로. 주간국방논단. 한국국방연구원. 제1354호 (11-14).

최남희·유정(2010). 트라우마 내러티브 재구성과 회복효과. 피해자학연구, 18(1), p. 285-308.

한성열(2005). 한국인의 문화 특수성: 가족관계로 본 한국 문화의 특성. 한국 문화의 특성과 상담, 가톨릭대학교 상담심리대학원 제5회 학술심포지엄.

함인희(2001). 한국 가족사의 변화. 하용출 편. 서울대학교출판부.

4·3 생존희생자 및 유가족 정신건강실태조사 보고서(2015). 제주특별자치도광역정신건강복지센터.

American Psychiatric Association(1980). *Diagnostic and statistical manual of mental disorders*, 3rd ed. Washington DC: American Psychiatric Press.

American Psychiatric Association(2013). *Diagnostic and statistical manual of mental disorders*, 5th ed. Washington, DC: Author.

American Psychiatric Association(1994). *Diagnostic and statistical manual of mental disorders*, 4th ed. Washington DC: American Psychiatric Press.

American Psychiatric Association(2004). Diagnostic and statistical Spring, D. Thirty-Year Study Links Neuroscience, Specific Trauma, PTSD, Image Conversion, and Language Translation. *Art Therapy*, Vol.21, No.4, p. 200-209.

Andrew Levin. The Effect of Attorneys' Work With Trauma-Exposed Clients on PTSD Symptoms, Depression and Functional Impairment: A Cross-Lagged Longitudinal Study. *Law and human behavior*, vol.36 no.6, p. 538-547.

Archibald HC, Tuddenham RD(1965). Persistent stress reaction after combat. *Arch Gen Psychiatry* 12, p. 475-481.

Blake DD, Weathers FW, Nagy LM, Kaloupek DG, Gusman FD, Charney DS, et al(1995). The development of a clinician-administered PTSD scale. *J Traumatic Stress* 8, p. 75-90.

Blake DD, Weathers FW, Nagy LM, Kaloupek DG, Klauminzer G, Charney DS, et al(1990). A clinician rating scale for assessing current and lifetime PTSD: The CAPS-1, *Behavior Therapist*, 13:187-188.

Bremner JD, Steinberg M, Southwick SM, Johnson DR, Charney DS(1993). Use of the Structured Clinical Interview for DSM-IV Dissociative Disorder for systematic assessment of dissociative symptoms in posttraumatic stress disorder. *Am J Psychiatry* 150, p. 1011-1014.

Bremner JD, Vythilingam M, Vermetten E, Southwick SM, McGlashan T, Nazeer A, et al(2003). MRI and PET study of deficits in hippocampal structure and function in women with childhood sexual abuse and posttraumatic stress disorder. *Am J Psychiatry* 160, p. 924-932.

Bremner, J., Southwick, S., Charney, D.(1995). Etiology of post-traumatic stress disorder. In M. Mazure (Ed.), *Does stress cause psychiatric illness?*, pp. 68-104. Philadelphia: Saunders.

Cadell, S., Regehr, C. and Hemasworth, D.(2003). Factors contributing to posttraumatic growth: A proposed structural equation model. *American Journal of Consulting and Clinical Psychology* 67(3), p. 362-366.

Cathy A. Malchiodi, 최재영, 김진연 역(2000), 미술치료, 조형교육, p. 262-264.

Chae JH, Jeong J, Lee KU, Bahk WM, Jun TY, Lee C, et al. *Dimensional complexity of the EEG in patients with posttraumatic stress disorder.* 2003 World Federation of Societies of Biological Psychiatry, Asian Regional Congress, and 2nd Congress of Malaysian Society for Research of Psychiatry Programme & Abstract 2003, p. 47.

Chapman, L. M., Morabito, D., Ladakakos, C., Schreier, H., Knudson, M. M.(2001). The Effectiveness of Art Therapy Interventions in Reducing Post Traumatic

Stress Disorder (PTSD) Symptoms in Pediatric Trauma Patients. *Art Therapy*, Vol.18, No.2, p. 100-104.

Cohen, A.(2002). Gestalt therapy and post-traumatic stress disorder: The potential and its (lack of) fulfillment. *Gestalt Review*, Vol.6, No.1, p. 21-28.

Cohen-Liebman, M. S.(2000). Drawings as judiciary aids in child sexual abuse litigation: A composite list of indicators, *Arts in Psychotherapy*, Vol.22, No.5, p. 475-483.

Delaney RC, Rosen AJ, Mattson RH, Novelly RA(1980). Memory function in focal epilepsy: A comparison of non-surgical, unilateral temporal lobe and frontal lobe samples. *Cortex* 16, p. 103-117.

Ehlers, A., & Steil, R.(1995). Maintenance of intrusive memories in posttraumatic stress disorder: A cognitive approach. *Behaviour Cognitive Psychology* 76, p. 217-249.

Ekman, L. L.(2002). *Neuroscience: Fundamentals for Rehabilitation*, 2nd ed. Saunders Company.

Elison, J., Lennon, R., & Pulson, S.(2006). Investigating the compass of shame: The development of the compass of shame scale, *Social Behavior and Personality*, 34(3), p. 221-238.

Everly, G. S, & Mitchell, J. T.(2008). *Integrative Crisis Intervention and Disaster Mental Health*. Ellicott: MD, Chevron Pub.

Fischman, Y.(1991). Interesting with trauma: clinicians' responses to treating psychological after effect of political repression. *Am J Orthopsychiatry* 61, p. 179-185.

Foa, E., Zoellner, L., Feeny, N., Hembree, E., & Alvarez-Conrad, J.(2002). Does imaginal exposure exacerbate PTSD symptoms? *Journal of Consulting S. Clinical Psychology*, Vol.70, No.4, p. 1022-1028.

Fredrickson, B. L.(2004). The broaden-and-build theory of positive emotions. *Philosophical Transactions of the Royal society of London, Biological sciences* 359, p. 367-1377.

Gilroy, A.(2006). *Art therapy, research, and evidence-based practice*. Thousand Oaks, CA:

Sage.

Graham, H.(1998). *Discover color therapy.* Berkeley, CA: Ulysses Press.

Henderson JL, Moore M.(1944). The psychoneurosis of war. *N Engl J Med* 230, p. 274-278.

Herman, J. L.(1997). *Trauma and recovery: The aftermath of violence from domestic abuse to political terror.* Basic Books.

Hofstede, G.(1980). *Culture's Consequences: International differences in work-related values.* Beverly Hills, CA: Sage.

Holahan, C. J., Moos, R. L., Holahan, C. K., Brennan, P. L., & Schutte, K. K.(2005). Stress generation, avoidance coping, and depressive symptoms: A 10-year model. *Journal of Consulting and Clinical Psychology* 73(4), p. 658-666.

Hostede, G.(1991). *Cultures and organizations: Software of the mind.* London: Mc-Grqw-Hill. 나은영, 차재호 역. 세계의 문화와 조직. 학지사.

Julian D. Ford. Disorders of Extreme Stress Following Warzone Military Trauma: Associated Features of Post-traumatic Stress Disorder(PTSD) of Comorbid but Distinct Syndromes?, *Journal of Consulting and clinical psychology* 67(1), p. 3-12.

Kenardy, J., & Tan, L.(2006). The role of avoidance coping in the disclosure of trauma. *Behaviour Change* 23(1), p. 42-54.

Kessler RC, Sonnega A, Bromet E, Hughes M, Nelson CB.(1995). Posttraumatic stress disorder in the national comorbidity survey. *Arch Gen Psychiatry* 52, p. 1048-1060.

Kilpatrick DG, Resnick HS, Freedy JR, Pelcovitz D, Resick PA, Roth S, et al(1998). The posttraumatic stress disorder field trial: evaluation of the PTSD construct-criteria A through E. In: Widiger T, Frances A, Pincus H, Ross R, First M, Davis W, Kline M, editors. *DSM-IV sourcebook*, vol.4. Washington DC: American Psychiatric Press, p. 803-844.

Klein, K.(2003). Narrative construction, cognitive processing, and health. In D. Herman(eds.). *Narrative theory and the cognitive sciences.* Stanford: CSLI Pub.

Koch. K.(1997). *Der Baumtes.* Gottingen, Hans Huber.

Malchiodi, C.(1998). *Understanding Children's Drawings*. 김동연, 이재연, 홍은주 역. 아동 미술심리 이해. 학지사.

Malchiodi, C.(1998). *The Art Therapy Source book*. 최재영, 김진연 역. 미술치료. 학지사.

Malchiodi, C.(2003). *Handbook of art therapy*, 1st & 2nd ed. 임호찬 역. 미술치료 입문. 학지사.

March JS(1999). Assessment of pediatric post traumatic stress dosorder. In: Saigh PA, Bremner JD. editors. *Post traumatic stress disorder*. Needham Heights: Allyn & Bacon, p. 199-218.

Mary, B. E.(2009). *Mental Health Concepts and Techniques for the Occupational Therapy Assistant*. Lippincott Williams & Wilkins.

Miller, A.(1986). *Pictures of a childhood*. New York: Farrar, Straus, & Giroux.

Moser, M.B. Trommald, M. & Anderson, p.(1994). An increase in dendritic spine density on hippocampal CAI pyramidal cells following spatial learning in adult rats suggests the formation of new synapses. *Proceedings of the National Academy of sciences of the USA* 91(26), 12673-12675

Orr SP, Metzger LJ, Pitman RK(2002). Psychophysiology of post traumatic stress disorder. *Psychiatr Clin North Am* 25, p. 271-294.

Paez, D., Basabe, N., & Gonzalez, JL.(1997). Social Processes and Collective Memory: A Cross-Cultural Approach to Remembering Political Events. En J. Pennebaker, D. Páez & B. Rimé(Eds.). *Collective Memory of Political Events*. Hillsdale, Lawrence Erlbaum.

Pennebaker, J. W., Paez, D. & Rime, B.(Eds.)(1991). *Collective Memory of Political Events: Social psychological perspectives*. p. 147-174. Mahwah, NJ: Terr, L., Childhood Traumas: An Outline and Overview, *Am J Psychiatry* 148, p. 10-20.

Pennebaker, J. W.(1997). *Opening Up*. 김종한, 박광배 역. 털어놓기와 건강. 학지사.

Pizarro, J.(2004). The efficacy of art and writing therapy: Increasing positive mental health outcomes and participant retention after exposure to traumatic experience. *Art Therapy: Journal of the American Art Therapy Association*, Vol.22, p. 5-12.

Pulver, Max Albert Eugene(1944). *Die charakterologische Bedeutung der Schriftfärbung*, 1st ed. Berne: Huber.

Richard Bach(1973). *Jonathan Livingston Seagull.* 정현종 역. 갈매기의 꿈. 문예출판사.

Riedel.I(1988). *Bilder in Therapie, Kunst und Religion.* Stuttgart, Kreuz.

Rubin, J. A.(2002). "Art as Therapy in Times of Crisis" International Conference of the International Association for Art, Creativity, and Therapy IAAT/IGKT, Salzburg, Austria.

Sadock BJ, Sadock VA(2003). *Synopsis of psychiatry.* 9th ed. Philadelphia: Lippincott Williams & Wilkins.

Saigh PA, Bremner JD(1999). The history of post traumatic stress disorder. In: Saigh PA, Bremner JD, editors. *Post traumatic stress disorder.* Needham Heights: Allyn & Bacon, p. 1-17.

Sarid, O., Huss, E.(2010). Trauma and acute stress disorder: A comparison between cognitive behavioral intervention and art therapy. *The Arts in Psychotherapy* 37(1), p. 8-12.

Siegel, D. J.(2006). An interpersonal neurobiology approach to psychotherapy: awareness, mirror neurons, and neural plasticity in the development of well-being. *Psychiatric Annals* 36(4), p. 247-258.

Smith, S. H.(2005). Anticipatory grief and psychological adjustment to grieving in middle-aged children. *American Journal of Hospice & Palliative Medicine* 22, p. 283-286.

Stein, N. L. & Liwag, M. D.(1997). Children's understanding. Evaluation and memory for Emotional Events. In P. W. vanden Brek, P. J. Bauer, and T. Bourg.(eds.). *Emotion: Interdisciplinary Perspectives.* Mahwah, NJ: lawrence Erlbau Associates.

Susanne K. L.(1993). 예술이란 무엇인가. 이승훈 역. 고려원.

Tedeshi, R. G. & Calhoun, L. G.(1996). The posttraumatic growth inventory: Measuring the positive legacy of trauma. *Journal of Traumatic Stress* 9(3), p. 455-471.

Triandis, H. C.(1996). The psychological measurement of cultural syndromes. *American Psychologist* 51, p. 407-415.

Tugade, M. M. & Fredrickson, B. L.(2004). Resilient individuals use positive emotions to bounce back from negative emotional experiences. *Journal of Personality and Social psychology* 86, p. 320-333.

Ulman, S. E., & Siegel, J. M.(1994). Predictors of exposure th traumatic events and posttraumatic stress sequelae. *Journal of Community Psychology* 22, p. 328-338.

van der Kolk BA, Herron N, Hostetler, A.(1994). The history of trauma in psychiatry. *Psychiatr Clin North Am* 17, p. 583-600.

Wadeson, H.(1971). Characteristics of art expression in depression. *Journal of Nervous and Mental Disease* 153(3), p. 197-204.

Yehuda, R., Spertus, I. L., & Golier, J. A.(2001). Relationship between childhood traumatic experiences and PTSD in adults. In S. Eth (Ed.), *PTSD in children and adolescents*, pp. 117-158, Washington, DC: American Psychiatric Association Press.

트라우마

우리 안의 트라우마 마주하기, 치유하기

초판 1쇄 2025년 3월 26일 발행

지은이 김선현
펴낸이 김현종
출판본부장 배소라 **편집** 최세정 진용주 이솔림
디자인 김기현 **마케팅** 안형태 김예리 김인영
미디어·경영지원본부 신혜선 백범선 문상철 신잉걸

펴낸곳 (주)메디치미디어
출판등록 2008년 8월 20일 제300-2008-76호
주소 서울특별시 중구 중림로7길 4
전화 02-735-3308 **팩스** 02-735-3309
이메일 medici@medicimedia.co.kr **홈페이지** www.medicimedia.co.kr
페이스북 facebook.com/medicimedia **인스타그램** @medicimedia
유튜브 www.youtube.com/@medici_media

© 김선현, 2025
ISBN 979-11-5706-422-9 (03180)

이 책에 실린 글과 이미지의 무단 전재·복제를 금합니다.
이 책 내용의 전부 또는 일부를 재사용하려면 반드시 출판사의 동의를 받아야 합니다.
파본은 구입처에서 교환해 드립니다.